住文化創造

一般財団法人ひと・住文化研究所発足記念出版

日本再生へのガイドライン

本多信博 著

プラチナ出版

推薦のことば

日本再生のビジョン

日本の宗教学者
天台宗の僧侶広島大学名誉教授ありがとう寺住職
町田宗鳳

バブル崩壊後の日本の政治経済的停滞が指摘されて久しいが、もし、その閉塞感を打破しようというなら、日本人が伝家の宝刀として、過去から引き継いできた造形力を未来に向けて大胆に発揮していかなくてはならない。比較文明学者として、そのような考えをもつ私の前に現れたのが、リブラン・グループ創業者の鈴木静雄氏だ。彼は不動産業、建築業、住宅業などを専門とする経営者であり、私とはまったく畑違いの世界に生きている。しかし、私が鈴木氏を尊敬してやまないのは、マンション開発など、市民生活に直接かかわる分野で類まれな造形力を発揮しているからだ。

「住宅を売る」のではなく、「幸福を売る」という哲学をお持ちの鈴木氏が開発するマンションには、それぞれ具体的なモチーフがある。たとえば、「子どもの健康を守る」、「全室の日当たりをよくする」、「コンサートが開けるホールがある」、「バイク好きが集まる」、「独身女性が安心して暮らせる」、「ワイン好きが暮らす」、「住まいに自然を取り戻す」などである。「夫婦が夫婦になるマンション」というものがあるらしいが、私も家内を引き連れて、そんなマンションに移り住んでみたいものだ。

その彼がこのほど、一般財団法人「ひと・住文化研究所」を発足させ、本書『住文化創造～日本再生のガイドライン』（本多信博著）を世に問うことになった。同書はまさに私が願う日本再生のビジョンと軌を一にするものであり、より多くの人に読まれることを願って、ここに推奨する。

略歴：町田宗鳳（まちだ・そうほう）１９５０年京都市生まれ。京都大徳寺で20年間修行。ハーバード大学・神学修士、ペンシルバニア大学・哲学博士。プリンストン大学、国立シンガポール大学、東京外国語大学、国際教養大学を経て、広島大学名誉教授、無宗派寺院「ありがとう寺」住職、天台宗大阿闍梨、専門は比較宗教学・比較文明学。

「住文化創造」発刊にあたって

日本医師会前副会長
医療法人聡伸会理事長
今村　聡

財団法人ひと・住文化研究所が発足し、それを契機に法人理事である本多信博氏による本書が発刊されることになりました。本書では住文化の重要性について、幅広い視点から考察されていて、氏の住まいに対する思いがあふれています。

さて人々の心身の健康と住宅に密接な関係があることは、本書にもあるとおり、ナイチンゲールの時代より理解されており、現代ではその科学的なエビデンスも次々に明らかになってきています。一人ひとりが心身ともに健康であることが、国や社会を正しく発展させるための基盤だと考えています。

太古、雨露、暑さ、寒さをしのぎ、動物、有害生物から身を守るものとして、住まい（?）がありました。それが時代とともに、その国・地方の風土、環境に適した住まいが建築されるようになってきました。この建築の進歩には、科学技術の基礎となる文明の発展とともに人がいかに生きていくのかという文化の発展がより重要だと考えます。文明の発展により建築技術も進歩し、耐震性能、耐火性能の向上や、見上げるほどの高層集合住宅の建設も可能となっています。

しかし、太平洋戦争後の日本の歩みの中で高度経済成長のためにひたすら大量生産、大量消費にあけくれ、効率を追求するために労働者を集め、全国に団地や集合住宅が建設されてきました。そのような住宅に対して、海外からはエコノミックアニマルのウサギ小屋と揶揄される始末でした。独自の芸術文化、食文化を持ち海外から評価されてきた日本が、住宅に関しては文化の視点を失い只管技術の追求をおこなってきたように思います。

氏は、まさしく住文化の欠落が、現在の日本の衰退の原因の一つになっているとの警鐘をならすために本書を書かれたように思います。本書は、ぜひ住宅を必要としている多くの国民の方、そして住宅を建設・販売する業者の方に手にとっていただきたいと思います。

「シックハウス」「健康省エネ住宅の」の完成形「社会保障としての健康省エネルーム」の定着を

健康・省エネ住宅を推進する国民会議理事長
上原裕之

本多様、鈴木代表理事の元に結集いただきました「ひと・住文化研究所」の皆様出版おめでとうございます。

住宅・不動産の分野で影響力のある皆様が「事業の利益」を求めるのは当然として「利益・効率」を求める中で「無視」されてきた「生きる器」の重要性を社会に訴えることは非常に重要です。

1994年、ただの一歯医者であった私が、「国は国民の生命財産を守るはずなのになぜ」と日本中の新建材由来の化学物質問題を「シックハウス」と社会に問い、2003年建築基準法改正で規制後は、「省エネ」しかなかった政策に「健康省エネ住宅」という概念を持ち込みました。

そして、英国や先進国では当然の「社会保障としての健康省エネルーム」という概念を省庁を超えて様々な分野のリーダーと議論しています。

その中で、最も動きが悪いのが「業界団体」です。「利益を得るために会費を取っているので、補助金等の楽して利益のある政策を求めるのは当然です」しかし、国の委員会等で、委員を務めたり、補助金を活用するにあたってはそのリーダーは「公益者」として団体を社会全体の利益のために指導、誘導すべきだと私は考えます。

本多さんを始め関係者の想いが産業界の「リーダー」の心を動かし、「利益万能事業」から「社会全体の利益」を生み出す「新たな産業を国民全体で生み出してゆくことを期待します。

住文化創造
～日本再生へのガイドライン

序文

昨年（22年）11月、一般財団法人ひと・住文化研究所が発足した。「住まいの乱れは家族の乱れ、家族の乱れが国を滅ぼす」という危機感の下、日本の住宅建設業界が失った〝ひと・住まい文化の思想〟を再構築し、業界内外に広く啓蒙することを目指している。理事の一人として参画していた私は、同財団代表理事の鈴木静雄氏（リブラン創業者）から依頼され、現代における住文化の必要性・重要性をわかりやすく伝える文書を執筆するという好機を与えられることになった。

ひとは幸福を求めて理想の住まいを得ようとしているのに、「幸福とはなにか」について深く考えようとはしない。そこに現代社会の乱れの大本があると考えていた私は、「ひと」「住まい」「幸福」という3者の関係を解き明かしていけば、依頼された文書は簡単にでき上がるのではないかと楽観視もしていた。しかし、実際に執筆を始めるとそうした目論見は大きく外れ、深い迷路に吸い込まれそうになることが何度もあった。

その理由はハードで造られている住宅と、〝幸福〟という目に見えないソフトの問題をどう結びつけるかという難題がそこにあったからである。ただ、その壁を乗り越える鍵が「ひとととはなにか」を考えることにあると気付いた私は、迷路から無事脱出することができたのである。確かに住宅はハードによって造られているが、ひとはハードが生み出す空間を構成する光（陰影）、ぬくもり、色、気の流れ、感触などから多様な刺激を受けて暮らしている。そしてそれらが心地よく調和したとき、〝人に優しい住まい〟ではなく、ひとが「ひとにやさしくなれる」住まいが生まれるのではないかと思う。

だからこそ、人への関心ややさしさが薄れてきているように思える現代社会にあって、住文化の創造が国民運動として広まっていくことを住宅業界に身を置く一人として強く期待する。

２０２３年秋

本多信博

住居は人権である

日本居住福祉学会初代会長

故・早川和男先生

日本居住福祉学会初代会長を務めた、故・早川和男氏が提唱する居住福祉の思想「住居は人権である」をイラスト化したもの

目次

推薦のことば

第1章

住文化はなぜ必要か

第2章

住文化とはなにか

第3章

住文化に飢える現代

第4章

住文化とこれからの不動産業

第5章

住文化に託す日本の未来

第6章

住まいの乱れ家族の乱れ
家族の乱れが国を滅ぼす

～住文化創造で新たなマーケットを～

（「住宅新報」2023年2月7日号より）

理事

座談会

ゼロからの変革めざし、不動産業を人間産業へ
～本業で社会課題の解決めざす心ある経営者らとともに～

（2023年6月7日（水）東京・板橋区大山リブラン会議室にて）

「出席者」

㈱明和住宅流通センター代表取締役　塩見紀昭氏
㈱市萬代表取締役　西島昭氏
㈱ハウスメイトパートナーズシニアコンサルタント　伊部尚子氏
価値住宅㈱代表取締役　高橋正典氏
平和建設㈱代表取締役　河邉政明氏

ひと・住文化研代表理事　鈴木静雄氏（リブラン創業者）
同理事　戸倉蓉子氏（ドムスデザイン社長）
同理事　長井克之氏（住宅産業塾塾長）
同理事　大本圭野氏（日本居住福祉学会副会長）
同理事　野口哲英氏（国家ビジョン研究会理事）
同理事　森口美智子氏（訪問看護陽だまり代表）
司会　岡崎卓也氏（（公社）全国宅地建物取引業協会連合会・不動産総合研究所）

装丁・本文デザイン　吉村朋子
DTP　トウエンティフォー

第1章

住文化はなぜ必要か

日本人がいま、心から求めているものは家庭や地域が社会の底を支え、人々の心が通い合い、これが〝人の世〟と感じることのできる社会である。それは、家庭や地域の核である住まいが住み手の心を癒し、家族の絆を深め、元気にし、さらには地域の人々と心をつなぐ場になれたときに始めて出現する。

今は社会の底が抜けている

いまの日本は社会の底が抜けている。社会とは同時代を生きている人々にとっての運命共同体だが、90年代初頭のバブル崩壊以降、日本社会は迷走の一途を続けている。国は経済再生の明確なビジョンを失い、社会は世代、職業、所得の違いなどにより分断が進み、人々の社会に対する運命共同体という意識が薄れ、個人としての孤立感を深めている。

そうなると、社会の活力ともいうべき人間同士の交流が希薄化し、人々の顔から精彩がなくなり、個々の人生から躍動感が失われていく。企業社会も職域同士の連携を忘れ、自社の利益拡大しか考えない。したがって、社員は真面目に働いているのに「世の中の役に立っている」という実感がもてずにいる。すると個々の人間はその狭い職場でのみ生きていければいいと思うようになり、創造力が衰え、結果として社会全体の活力が損なわれていく。

ではどうすればいいのか。国家（政治）が明確なビジョンを失い、社会が活力を失いつつあるとき、社会の底を支えるのは家庭と地域の絆しかないのではないか。しかし今の日本はその家庭と地域の力が衰退し共に疲弊している。それでも、日本再生の道は必ずあると信じ、その光明を見つけるのが本書の目的である。

外部と遮断された日本の住まい

家庭と地域が疲弊した原因の一つは、戦後供給された住宅が外部（地域）との交流を失っていったことである。戦前は家を囲む塀も生垣が普通でブロック塀のような冷たい感じではなかった。玄関も昔は和風の柔らかい雰囲気をもった引き戸だったが、今は強固で分厚いドアに変わった。戦前の家には〝縁側〟があって近隣住民との気軽な交流スペースとなっていたが、今はほとんど姿を消し家が味気ないものになった。

そもそも住まいの思想として、昔は〝人を招く〟という文化があって〝応接間〟というものが存在したが、現在の住宅からはそれもなくなった。住まいが家族のためだけのペースに矮小化してしまったのである。住まいは家族それぞれの個室とリビングとダイニングがあればよいことになってしまった。外部との連絡機能を失ったのが現在の日本の住まいである。

戦後のこうした傾向に拍車をかけたのが分譲マンションである。外部との隔絶感は戸建て以上に強まり、オートロック、インターフォン、それらと連動したエレベーター稼動システムなど二重、三重に外部と遮断する仕組みを設けている。つまり、住まいが昔のように外に開かれたものではなく、外部からの侵入を防ぐ〝砦《とりで》〟に変わってしまったのである。

個室＋ＬＤＫ思想の誤り

家の中はどうかといえば、２ＬＤＫ、３ＬＤＫ、という言葉に象徴されるように、まず個室の数が重視され、ＬＤＫは家族の集う場所とされている。しかし、家の中で家族が集うという表現もおかしなものである。家族とはもともと最も強く結ばれた運命共同体で一体であるからこそ、一つ屋根の下に暮らしている。ところが戦後は個人主義の思想が浅薄な形で導入され、家族といえども一人ひとりは個人として独立した存在であるからプライバシーを尊重すべきという思想が家づくりにも導入され、それが子ども一人ひとりに部屋を与える戦後の住まいになった。

〝浅薄〟という意味は、人間は所詮「一人で生まれてきて、一人で死んでいく」孤独な存在であることは当たり前の話であり、それをわざわざ家族についても強調する必要があるのかという意味である。住まいを外部から遮断し、家の中にも不必要な個人主義を招き入れたのが戦後の住まいである。それは、もともと孤独な存在である人間が唯一精神的に憩える場が家族の集う住まいであったにもかかわらず、個室で区切ることにより、わざわざその機能を弱める方向に向かってしまったことを意味している。戦後、わが国に住文化が育たなかった大きな要因の一つがそこにある。

核家族化という弊害

家庭や地域が疲弊し、日本社会から濃厚な人間関係が失われていったもうひとつの大きな要因として、戦後進んだ〝核家族化〟がある。家族は社会を構成する最小単位だが、核家族化は社会の底辺ともいうべき家族という運命共同体の力を弱体化する方向に変えた。どういうことか。

核家族社会では、子どもは成長すると親元から離れ、新たな世帯（家庭）を持つ。残された親は夫婦だけの暮らしに戻り、いずれは配偶者をなくし、単身世帯となり、そして消滅していく。つまり核家族社会は社会の基盤となる〝家庭〟が

時代的役割を終えたとみられる〝核家族社会〟を見直す日は来るのだろうか（写真＝筆者撮影）

一世代半ごとに生まれては消えていく〝単発型社会〟となる。

親と子が共に暮らす年月は短ければ20年にも満たない。こうした空しい細胞分裂を繰り返す核家族が、社会の底を支える力になるとはとても思えない。まして、そうした単発型社会で育つ子どもたちが、先祖という存在に思いを馳せ、ひとの命が永遠につながれていく尊さに気付くはずもないのである。

「衣・食・住」と住文化

日本に住文化が乏しいのは、細胞分裂を繰り返す核家族化の弊害ということもあるが、戦後の日本人の価値観があまりに経済優先主義に走り過ぎたことも大きく関わっている。人間とはなにか、幸福とはなにか、家族とはどうあるべきかといった思考を忘れ、ただただ物質的、金銭的豊かさのみを追い続けてきた報いではないだろうか。住文化は「ひと」の感性が生むものだから、ひとのひとへの探求心なくしては生まれない。もっとも、今の日本に住文化が乏しいこと、それを過去の報いと思っている人たちがどれほどいるかは定かではない。

「衣」にはファッション、「食」にはグルメというそれぞれを楽しむ文化がある。それに比べ、日本に〝住むことを楽しむ〟という住文化が育たなかった要因がもう一つある。それは、戦後日本政府が持ち家取得推奨政策をとったものの、国民は高額の住宅を取得するのが精いっぱいで、せっかく取得した住宅を楽しむ余裕がなかったことである。あるいは〝団塊世代〟に象徴されるように、住宅を取得することと自体が目的化されてしまったからではないかとも思われる。

〝衣食住〟という言葉がある。人間が生きていくうえで欠かせない3要素である。もし、これらが完全に失われた場合、命に危険を及ぼすまでの時間は、衣が最も短く、次いで食、最後が住といわれている。衣服は1日たりとも欠かせないし、食も水分をとらなければ3日ももたないだろう。それに対して住宅を失っても衣服と食料があればすぐに命に危険が及ぶことはない。

では、住宅はなぜ生きていくうえでの大事な要素なのだろうか。貧困層が増えているといわれる日本では、ネットカフェに寝泊まりする若者や、車上生活を余儀なくされる人たちもいる。逆にお金に困らないのであれば、ホテル暮らしのほうが快適と感じる人たちもいるだろう。

つまり、現代における「衣食住」の〝住〟の意味は、「心に安らぎをもたらしてくれてこその場」という意味で重要なのである。心の安らぎが得られない生活が長く続けば精神的に追い込まれ、自ら命を絶つこともあるだろう。ストレス社会といわれる現代にあっては、心を癒す住まいでなければ住まいとはいえないのである。

では、心が癒される住まいとはどういうものか。それが住文化を考えるということである。

心と住まいの関係

日本人は戦後、「住まいとはなにか」を深く考える機会をもたずにきた。働き方改革と住まい方改革が車の両輪のように動き出した今こそ、私たちはひとの心と住まいとの関係に強い関心をいだかねばならない。高度経済成長ははるか昔となり、潜在成長力でさえ1％を超えるのは難しいといわれる今後の日本経済。

だからこそこれからは心豊かな社会をめざすべきといわれているのに、心とはなにか、豊かさとはなにかをじっくりと考えることもせず生きている日本人。それでは社会が閉塞感を増すばかりではないか。

心と住まいとの関係は、ひとが自然体で毎日の暮らしを楽しみ、健康寿命をのばし、最期の瞬間まで明瞭な意識をもち続けるための重要な研究テーマである。住まいが住むひとの〝心の住処（すみか）〟となることができれば、ひとは多くの病気から逃れることができるだろう。看護師で建築家でもあったナイチンゲール（1820〜1910）は『看護覚書』の中で「病の原因の半分は住環境に起因する」と指摘している。では、住むひとの〝心の住処〟となる住まいとはどういうものだろうか。

自分と対話するために

癒しや安らぎだけでなく、現代人が住まいに求め始めたものが別にある。それは「自分と対話する」ための住まいである。住まいは他者ではなく自分と対話することができる唯一の場所である。ただし、そのためには他者と対峙する外の空間とは真逆の環境が家の中になければならない。

家の外部となる都市空間は他者がつくった工作物にあふれている。他者の脳がつくった、他者の意図に満ちた空間に長く身を置けば自分との語らいを忘れ、心が疲れるのは当然だ。ストレスがたまり、それが限界を超えれば病気にもなる。

住まいは唯一、他者の意図から逃れることができる空間である。だがそのためには自分の意図で自分の感性がつくった空間でなければならない。

部屋に自分の好きな絵を飾るのも、カーテンの柄を好みのものに変えるのも、受験生が〝合格必勝〟の文字に誓うのも、すべて自分と語り合うためである。ひとは自分と語り合うために生きているといっても過言ではない。それは、いずれは自分というかたちで存在する人間の本質に気付くためである。

禅寺にある枯山水の庭は見る者の心を癒してくれる。あれも他者（庭師）の脳が生み出したものではあるが、その意図が他の工作物とは違い、ひとの心を解放することにあるからである。だからひとは自分の住まいを禅寺の庭師になったような気持ちで創造すべきである。そのように自分と語り合うための住まいを「心の住まい」と呼ぶことができる。

心を磨く

100歳は人間に与えられた自然な寿命といわれている。にもかかわらず、平均寿命がそこに至っていないのは、現代人が〝欲望のまま〟に生き、己を見つめる静かな心を忘れたまま生きているゆえだろう。その結果、人間社会の狭間でストレス（精神的鬱屈）を溜め込み、病を得てしまう人が多いからではないか。

人間に与えられた100歳という寿命はもちろん、〝健康寿命〟のことである。ひとは長く生きることが目的ではなく、どう生きて、どう死んでいくかが問われている。この地球上に生きている動物の中で、おそらく人間だけがそのような問題意識をもって生きている。それもひとに心があるゆえの不思議な作用のひとつと思われる。ということは、心とは人間が他の動物ではなし得ないある種の〝高み〟をめざして生きるために必要なものであり、心を磨くとはその高みをめざす力を強くもつということである。

自分と語り合うための住まいとするためにも、ひとはつねに自らの心を磨く必要があるということである。

第2章

住文化とはなにか

住文化とは「住むことを楽しむ」ことである。楽しむことは人生最高の教養である。つまり、住文化なくして日本が崇高な民族としての輝きを放つことはなく、国民も真に日々の生活を楽しむを得ず、まして人々の心が豊かな感性でみたされることもないだろう。

楽しむということ

ひとが一日の中で、あるいは生涯を通して最も長い時間を過ごすのが〝家の中〟である。つまり人間にとって「住む」ことは、人生の大半であり、人生の基礎を築くことでもある。では、その人生の大半を占める日常の暮らしを楽しむとはどういうことか。人間にとって最高に楽しいことといえば、それは、創造することである。

もちろん、創造すること以外にも楽しいことはたくさんある。好きな音楽を聴いたり、映画を見たり……。ただ、「なにかを創造する」楽しさには、自分が能動的になる力強さがある。自分にしかできないことを見つけ、自分なりに目標を設定し、それに向けて努力する楽しさは格別である。

努力には肉体的あるいは精神的苦痛を伴うこともあるが、それをも楽しむことができるのがこれまた人間の人間たるゆえんである。なぜなら、人間の本質はその豊かな〝感性〟にあるからである。人間は豊かな感性と知性（創造力）の生き物だといってもいい。人類はその豊かな感性と優れた知性で道具や機械を発明し、芸術までも生み出し、文明社会を築いてきた。これほどの原動力を人間が持ちえたのは、人間が「楽しむ」ということを知っていたからである。

住まいを飾る

一級建築士の金堀一郎氏はこう語る。

「欧州では主婦が室内のラグ（敷物）やタペストリー（壁掛け）などを自ら機（はた）織り機で織って飾り、窓辺をグリーンやウィンドートリートメント（窓の装飾）などで演出し、住み手の感性を手作りで自己表現する〝暮らしの文化〟が伝承されている」

日本は戦後の住宅政策がずっと新築市場主導だったこともあって、手づくりの文化が育たなかった。再生建築で知られる青木茂建築工房代表の青木茂氏も「日本は戦後、家が〝買うもの〟になってしまったため、住まい手が手を加える楽しさが失われてしまった」と指摘する。こんなところにも、日本で住文化の醸成が遅れている要因があるのかもしれない。ただ、近年は中古住宅市場の拡大と共に、買い手が自らＤＩＹリフォームして暮らす文化も根付きつつある。

ちなみに〝和風建築〟とはいうが和風住宅という言葉はあまり聞かない。つまり、日本では住文化はなくとも建築文化があればそれでいいと思われているふしもある。

マンションの住文化

今からおよそ700年前、吉田兼好は「住まいは人なり」（徒然草）と言った。住まいは住み手の人柄や暮らしぶりが見えてこそ興味深いという趣旨である。もし兼好が現代にいれば、見た目はまったく同じ住戸が並び、住み手の暮らしぶりが見えてこないマンションを住まいとはいわないかもしれない。

ただ、現代の住まいについての重要テーマは「住まいは軒を接して住む住民同士の交流があればこそ住まいといえるのではないか」ということだ。だから近年の集合住宅は入居者同士の交流を深めるためのイベントや、各種共用施設に力が注がれている。マンションは軒を接するどころか天井も壁も床も共有しているわけだから、運命共同体としての意識を強く持たなければならない住まいでもある。

運命共同体とは互いに助け合い、協力し合い、尊重し合ってこそ生きていける組織のことである。その原点が家族と地域社会だが、多くの住戸が一つの空間に寄り添うマンションはそれ自体が一つの家族であり地域でもある。そのマンションにおける住文化をどう形成していくかが、これからの不動産業界にとって大きな課題となっている。

音楽のある暮らし

集合住宅の一つである賃貸マンションでは、いま〝コンセプト化〟が進み、注目を集めている。この傾向が「住むことを楽しむ」住文化への扉を開く可能性を秘めている。

地域ディベロッパーのリブラン（東京都板橋区、渡邊裕介社長）が展開する「ミュージション」シリーズは2000年の第1号以来、年平均2棟30～40戸程度を供給してきたが、22年度は急拡大し7棟約150戸を開発。例年の4～5倍で過去最高水準となった。

これには、同社の防音技術に関する知見とリーシング力の増大が大きく寄与している。特に注目すべきは「ミュージション」のリーシングを担当している社員は10名ほどだが、その全員が声楽や楽器演奏でプロ並みのミュージシャンであり、それが営業力強化につながっているという点だ。つまり、営業社員というよりも〝同好の士〟がリーシングをやっているともいえる。ここにこそ、ライフスタイル重視の時代にふさわしい営業スタイルがある。

ちなみに、ミュージションは現在首都圏で全21棟、５３４戸が供給されているが、なんと空室を待つ待機組が３０００人を超えている。そのため空室が発生しても早ければ30分以内、遅くてもその日のうちに次の入居者が決まるという。

賃貸マンション市場ではこのほかにも、家の中にいるときも愛車を愛でながら暮らしたいという人たちが住むガレージハウスや、ペット共生マンションなどの〝コンセプト化〟が進んでいる。これらコンセプトマンションに対する人気は、従来的な立地・間取り（広さ）・設備といった〝物件〟としての評価にあるのではなく、そこで叶えられる暮らしの質そのものである。そこにこそ、まさにひとの暮らしが放つ文化としての香りが満ちている。住文化とはハードではなく、暮らしの質を高めるソフトだからである。

リブランの「ミュージションテラス中野中央」。ミュージションで初めて80㎡超の間取りを採用。周りに気兼ねなく音楽・映像を防音室で楽しみたいDINKS・ファミリー世帯向けに開発された（写真＝リブラン提供）

人を招く文化

日本の住まいが戦前の昭和初期まではもっていたが、現代では影を潜めてしまったものに「人を招く文化」があった。

明治維新で日本の住まいは徐々に西洋化していったが、その過程で重要視され、取り入れられたのが外国人などの要人を自宅に迎え接待するための洋館（洋室）の併設だった。もちろん、当初それは宮家や政府の高級官僚、大商人の自宅などで導入されたが、最終的には一般企業の役員の自宅にも応接間が設けられるなど徐々に一般国民の間にも浸透していった。

ところが、そうした流れは戦前までで、戦後の日本の住まいは日本人の〝小市民化〟を象徴するように、客を迎えるという文化を失い、マイホームという内に閉じこもった住まいに変わっていった。

住まいは「人が主」と書くが、主は客がいてこその話だから、住まいは人をもてなしてこその住まいともいえる。そして、人をわが家に招き接待するという行為は人間にとってかなり高度な楽しみであり文化でもある。近年大型分譲マンションでは、入居開始前に居住者同士の顔合わせを行うなどコミュニティ形成に力を入れることが多くなっている。ただ、それも親しくなった家族同士が互いの家（住戸）を訪問し合うことまでは想定していないようだ。

その証拠に「個室＋ＬＤＫ」という間取りに基本的変化は見られない。相変わらず客間らしき部屋はなく、家の中はあくまでも家族だけのプライベート空間という閉じられた設計になっている。独立した客間にするのか、気軽に隣人などと語らうための土間的空間にするのかは別にして、日本の住まいに、客を迎え入れるというオープンな設計思想が取り入れられないかぎり、真のコミュニティや住文化が育つことはないだろう。

住まいと子ども

住まいが住み手の心に影響をもたらすとすれば、それは大人よりも子どもへの影響のほうが大きい。それは子どもの感受性のほうが大人よりもみずみずしいうえに、体積的に大人よりも体が小さい子どもが家から受けるインパクトははるかに大きいからだ。

さらに子どもは自分では住環境を選べない。ゆえに子どもにとって住まいは逃れることのできない空間となるため、精神的には恐怖にもなり、感動ともなる要素を備えている。そして、そこはときに神秘であり、憂愁でもある。さらにいえば、子どもにとって住まいは絶対者としての母親的な存在にもなる。子どもにとって、幼少期に過ごす家は母親との語らいにも似た甘味な場所でもある。たとえば、「もう悪いことはしません」と約束をしたあとのような――。だから子どもにとって住まいは第二の胎内でもあり、文化そのものとなる。

住文化を彩る5つの要素

住むことを楽しむためには、住まいと住み手との間に感性的な触れ合いがなければならない。その感性による触れ合いが深まるほどにひとは、日々の暮らしの中に確かな楽しみを見つけるようになる。「住むほどに愛着がわく」とはそういうことである。

看護の母といわれたフローレンス・ナイチンゲールは前出の『看護覚書』のなかでこう述べている。

「看護とは、新鮮な空気、陽光、暖かさ、清潔さ、静けさを与えることである」。

株式会社ドムスデザイン社長の戸倉蓉子氏はこの言葉に触発されて、看護師から建築デザイナーの道に踏み出した異色の建築デザイナー。

「この5つの要素こそ、よい住環境をつくるための秘けつでもある」と語る。この5つの要素を満たしている住まいは住むほどに離れがたくなり、毎日を楽しく元気に過ごすことができるのだと指摘する。

戸倉氏は現在、「ひとを元気にする」をテーマにした賃貸マンション、戸建て住宅、クリニック、ホテル、スポーツ施設など数々の建築デザインを手掛けている。

人生はパズル

人生は自ら描いた〝最終形〟を完成させるパズルのようなものだ。誰でも人生を終えるときには「あゝ、いい人生だった」と思いながら死んでいきたいと思う。そこで、その理想形に近づくように、一日一日（各ピース）を組み立ててゆく。それは今日、明日、明後日という順番にこだわらず、ときには最期となる一日の仮のピースを人生という枠の左下隅にはめてみて、その直角ではないほうの形にさらに仮のピースを合わせながら、現在に戻ってくるようにすることも可能だ。「人生は何歳からでもやり直せる」とはそういうことだろう。要（かなめ）は仮のピース、つまり最終形を描く想像力である。その想像力を育てる修練の場こそが住まいであり、住まいの細部にまで思いをはせる感性を磨くことで想像力も培われる。

そこに生まれるのが住文化だとすれば、住文化はまさに人生最高の教養となる。

第3章

住文化に飢える現代

住文化のない日本社会は色あせている。人々の顔から活力が消え、人間の人間に対する関心が薄れ、共同体としての方向性を見失い、崩壊寸前の危機を迎えている。人々は今こそそうした社会の異常さに気付き、潤いのある人間社会を取り戻さなければならない。

希薄化する人間関係

テレビのニュースでよく見かけるのは、重大事件が起きるとその犯人が住む近所の人たちに取材をし、顔は隠して手元だけを撮りながらコメントをもらうシーンだ。


「普通の人でしたよ。あいさつをすれば返してくれますし」

「驚きました。ご家族とも楽しそうにしていましたけどねぇ」

——といったものがほとんどだ。しかし、これではなにも語っていないに等しい。

本来の近所づきあいができていれば、こんな薄っぺらなコメントにはならないだろう。

「絶対、○○さんが犯人だなんて信じられません。なにかの間違いじゃないんですか」と憤慨するとか、逆に「とても心配していました。ここ数日、いつもと様子が変わっていましたから」と言って嘆き悲しむ様子が映し出されるのが普通ではないだろうか。人間的な〝ご近所付き合い〟とはそういうものだと思う。

忘れていた住まいの本質

同じテレビでも、とても感動するシーンがあった。

東日本大震災（2011年3月11日）で家を失い、仮設住宅に暮らしていた人たちの取材だった。その数はピーク時で12万人にも達していたという。急を要する仮設住宅は建設場所をゆっくり検討している余裕はない。最も重要視されたことは、移り住む人たちが孤独にならないように、町会単位での引っ越しと、主婦らの井戸端会議の場と、子どもたちが遊べる広場の確保だった。

そして年月が経ち、本格的な災害復興住宅や自宅を再建して戻る人たちが出はじめ、仮設住宅に残る人たちとの別れに互いに涙するシーンが映し出された。まさに、そこに住まいの本質を見た。住まいはひととひとをつなぐ基盤である。たとえ構えは質素でも日々心を通わせて暮らしてきた者同士の真実がそこにある。人間の暮らしとは、住まいとは、そこに生きる人間関係の密度のことである。

社会が子どもにもたらす影響で最も罪深いのは、大人社会での人間関係の希薄さでる。子どもは両親の庇護（ひご）のもとにあるから、親の他者への接し方が子どもの人間観にも大きな影響を与える。近所関係の希薄さは子どもの豊かな情感を阻み、内向きで閉じた心にしてしまう傾向があるのではないか。

それを助長したのも核家族化である。日本で戦後加速した核家族化の弊害は、子どもが成長するまでに出会う両親以外の大人の数があまりに少ないことにもある。本来なら、子どもはその幼少期から祖父母、叔父叔母、親類縁者、近隣に住む住民、両親の知人など多くの大人と接することによって強靭でしなやかな人格形成をなしえていくものだ。しかし、核家族社会では子どもが成長過程で影響を受ける大人は両親と学校の教師ぐらいしかいない。

〝無親せき社会〟の恐怖

現在の日本の出生率は1・3である。ひとりっ子家庭が増えていることを示している。ひとりっ子同士が結婚すれば、生まれてくる子どもには伯父（叔父）・伯母（叔母）がいない社会が待っている。オジ・オバがいないから従兄弟（従姉妹）もいない。

つまり、出生率が2を切るということは、人口減少を意味するだけでなく、親せきづきあいがない社会を生み出すことになる。子どもが両親以外の大人と接する機会はますます限られていく。そうした〝無親せき社会〟が子どもの人格形成にプラスに働くことはない。

出生率の低下にはさまざまな要因・背景があるが、その一つに核家族化と共稼ぎ世帯の増加があるのは間違いない。共稼ぎ夫婦が増えても、祖父・祖母が同居していれば子育てを支援してもらえる。そういう因果関係を踏まえると、核家族化は子どもを〝無親せき社会〟に追いやる要因ともなっている。

日本が高度経済成長を遂げるためのバックボーンとなっていた核家族化はすでに時代的使命を終えている。にもかかわらず惰性のごとく核家族化の流れを見過ごせば、日本は新たな飛躍の時代に向けた準備を怠ることになり、日本再生の道は永遠に失われるおそれがある。

新たな家族像を求めて

核家族に代わる新たな家族像は〝人間力復活〟をめざす社会像となる。人間力とはなにかといえば、ひとがひとの心に思いを馳せ、年上の者を敬い、礼を知る力である。その人間力を身に着ける場としての家庭と地域を再構築していく必要がある。

第一に親子三世代が同居もしくは近居しやすくなる社会政策の推進である。これには住宅政策、教育政策、相続税廃止による家族連帯意識の向上、それを補う非課税法人の抜本的見直しなど国民的合意に基づく総合政策を推進していく力が必要になる。

第二には、若者が親元を離れ、わざわざ東京に出なくても人生の目標がかなえられるデジタル国家構想、あるいはいったんは東京に出た若者がUターンしたくなるような地方活性化の推進である。こうした新たな日本列島ネットワーク構想により、日本の人口の4分の1が首都圏に集中する現在のいびつな国家構造を修正すべきである。なぜなら経済至上主義がもたらす〝東京一極集中〟は、日本の若者の価値観にもいびつな影響をもたらし、豊かな人間力の育成を阻害しているからである。

第三には、すでにその兆しが見え始めた大都市近郊への移住促進である。コンクリートジャングル化した都会ではなく、自然の恵みを味わいながらの暮らし、子育て、そして都心へのアクセスにも便利な場所に移住する人たちが増えている。

そこにはすでに地元住民との交流や移住家族同士の結束が生まれ、地域再生の新たな活力源が生まれようとしている。

第四には、大きな一つ屋根の下に高齢者、母子家庭、若者などの多世代が互いに協力し合いながら大家族のように暮らす「シェアハウス文化」の育成である。シェアハウスは、住宅弱者の増大、単身世帯化が進むわが国に必要な新たな居住形態として国土交通省も注目し、その健全な普及に力を入れている。

そして最後に求められるのが、これら四つの政策を推進する原動力となる「住文化」の醸成である。日本の住宅政策は戦後一貫して〝景気刺激策〟としての位置づけしか与えられなかったことから、不幸なことにわが国にはいまだに住文化というものがかたちづくられていない。いやそれ以前に「住文化とはなにか」についての国民的コンセンサスすら形成されていないのである。

多世代が一つ屋根の下に暮らすシェアハウスでは新たな入居者の歓迎会が行われることが多い。新たな家族像の一つである
（写真＝日本シェアハウス協会提供）

少子化対策の要（かなめ）

右に掲げた四つの「新たな家族像」も日本全体の少子化が止まらなければ持続可能な政策とはならない。少子化対策は子育て世帯に対する経済的支援だけでは不十分である。子育て経験の大先輩である「おばあちゃん・おじいちゃん」の体験・知恵を若い子育て世帯にどうつなげていくかという〝社会工学〟的発想が求められている。

従来は3世代家族（二世帯住宅）がそうした機能を果たしてきたが、核家族化がここまで普及してしまった実態を踏まえれば、それを各家庭単位に求めるだけでなく、社会システムとして導入する必要がある。高齢者、母子家庭、若い子育て世帯などが共に助け合いながら暮らすシェアハウスもその一つだが、たとえば高齢者住宅と保育園を連携させて高齢者と保育園のスタッフが協力し合う施設も検討されるべきではないか。

感性の劣化が招く危機

ひとの生活は仕事、趣味、生きがいと多岐にわたるが、その生活の質は〝社会の質〟に支えられているようなところがある。しかし、その肝心の社会の質が日本は劣化し続けている。その中で人々は孤立し、右往左往しているのが今の日本社会の実情ではないだろうか。

社会の劣化は日本人の感性の劣化につながっていく。感性が劣化すれば、社会が危険な方向に向かいつつあることにも気付かなくなることが最大の問題だ。では、今の日本社会で起こっている危機的兆候とはなにか。

たとえば、家族形態別世帯構成を見ると、全世帯のうち単身世帯が38%と最も多くなっている。しかもこの傾向は今後も続き、2040年までには4割に達すると予測されている。かつて標準世帯といわれた「夫婦と子」世帯はわずか25%である。これは人間社会として明らかに異常である。こうして、個々の世帯が疲弊していけばその集合体である地域もまた力を失っていくのは自明の理というものであろう。

また、生涯独身者（50歳になるまで一度も結婚したことない者）が増加傾向を続けていることも異常だし、年間の婚姻件数と離婚件数が3対1という関係にあることも異常である。にもかかわらず、国民はこれを〝異常〟とは捉えず、政府もマスコミも真剣に議論する気配がない。

政府はまず、個々の家庭と地域の再生に全力をそそぎ、少子化を食い止め、日本が新たな飛躍を迎える礎石を構築していかねばならない。人口減少が続くかぎり閉塞感は深まる一方だ。政府は少子化対策として教育費の軽減、出産一時金など子育て世帯に対する経済的支援を行っているが、金銭的少子化対策には限界があることも知るべきである。少子化が続いている根本的要因は社会の底が抜けていることにある。運命共同体としての絆、人と人を結ぶ人間力の衰退である。

それが若い世代に将来不安や孤独感を抱かせ、結婚して子どもを産み育てたいという活力を奪っている。だから、個々の世帯への経済的支援の前に政府としてなさなければならないことは、日本が国家としての明確なビジョンを描き、日本社会が民族としても、人間としても誇りと明るい希望を持てるようにすることである。

今こそ社会の異常に気付け

街に出ても、ちょっと考えればおかしいと感じるはずなのに、それがそうでもなくなっているところが問題だ。スマホに対する過剰な依存も気になる。街を歩く人も電車に乗っている人も95%ぐらいの割合でスマホを操作している。電車の車内放送では「スマホをいじりながらの乗り降りは危険ですのでおやめください」と警告を発する始末だ。

もっとおかしいのは、若者らが友人と二人でいるときも互いにスマホを手に持ち、スマホを見ながら、ときおり忘れていたかのように会話に戻る光景だ。せっかく一緒にいるのだから、もっと相手としっかり向き合い、真剣に人間同士関心を持ち合うのが普通ではないか。

もう少し目を社会に広げると、民放のテレビ局は電波という貴重な公的インフラを使っているにもかかわらず、どの局も似たり寄ったりの番組をたれ流している。各官庁に記者クラブ制度があり、情報源が同じであるためニュースの内容がどの局も同じというのも異常である。しかも、連日のように地球温暖化や省エネ問題を取り上げながら、自分たちは大量の電気を使ってあまり意味があるとは思えない24時間放送を続けている。これは〝異常〟ではないのだろうか。

家庭の異常

目を家庭内に転じると、すでに述べたように核家族化という流れを異常と感じず見過ごしてしまっていることが重大である。随筆家の故山本夏彦氏は「老人のいない家は家庭ではない」という名言を残している。

「親から子へ、あるいは孫へと代々継承するものがなければ、そこは家でも家庭でもなく、人の世でさえもない」と。昔のことを語って聞かせる老人がいなければ、子どもは生きた歴史を身近に感じることもなく、自分がこの世に生まれてきた不思議や命の連続の尊さに思いをいたすこともない。昔を知らなければ自分が生きている時代の意味がわからない。生きている意味がわからない人間ばかりが増えれば、確かにそこは人の世とはいえないだろう。

第4章

住文化とこれからの不動産業

わが国の住宅不動産業は今、大きな変革期にある。新たに供給される住まいのあり方、既存住宅の流通活性化、都市の再開発などあらゆる分野でこれまでのビジネスモデルが行き詰まりを見せているからだ。経済活性化や効率化だけではなく、人間性重視への転換が求められている。

思想なき住まいを憂う

22年11月に発足した一般財団法人「ひと・住文化研究所」代表理事の鈴木静雄氏はこう述べる。

「戦後の荒廃から建設5カ年計画を軸に大量生産を続け、景気産業化した不動産業界は住居の本質に気付くことなく今日に至った。高度経済成長期は都市化の波にのまれ、子どもの遊び場が消えた。子どもの感受性は蝕（むしば）まれ、子どもたちの体や心をわけのわからない病がズタズタにした。そこには思想なき街づくり、住環境が大きく起因している」

たとえばとして、「今でも一般的なマンションは北廊下に面して味気ない玄関ドアがずらりと並ぶスタイルが典型的だ。そこにはコミュニティを重視する環境も、個人のライフスタイルを育む思想もない。大金を払って購入するマイホームとしてはあまりにもお粗末だ」と怒る。

悠久なる住まいへ

ひとは幸福になろうとして家を求めるが、幸福はハードでなくソフトに宿るものだ。だから生活の基盤たる住まいもハードではなく、ソフトを旨としなければならない。ソフトを重視してこそ、住宅は人間の寿命をはるかに超えて存在することができる。もし、住宅が単なるハード（ハコ）にすぎなかったら、経年とともに劣化し腐食し、いずれは不要なものとなって壊されてしまうだろう。

人間は何百年も生きられるわけではない。だからこそ、生活の基盤たる住まいには〝悠久なるもの〟を求めるのである。しかし、その可能性をわざわざ奪っているのが「住宅は経年劣化する」という愚かな思考である。もし、英国のように日本でも築100年以上の住宅が当たり前のように存在するようになれば、「人生100年時代」にあっても、誰もが自分が生まれ育った家を老いてからも見ることができる。それがどれほど人生を豊かに彩るものかを想像してみるべきだろう。住まいは時間的にも精神的にも人を包み込むものであって、人に使い古されるものではない。

おそらく、今の日本では多くの人が自分に物心ついたころに住んでいた家を大人になるころまでには失っている。文化遺産になるようなものでなくても、建物は人間にとって生きた歴史そのものである。古い建物がどれほど多く残っているかで、その国の文化度を知ることができる。

もし、これからも日本の住宅が「経年劣化」の思考から抜け出せないとすると、住宅購入者は安寧（あんねい）どころか、徐々に砂が落ちていく砂時計を見るような虚しさを住まいに抱きながら、生きていかなければならない。今こそ、「経

「ゆく川の流れは絶えずして、しかも元の水にあらず」。自然は常に悠久の時間とともにある。有限の存在である人間は悠久の時の流れに抱かれたとき真の安らぎを覚える。住まいに〝悠久の時間〟を設計することはどういうことなのか。今は住宅の造り手にこそ哲学が求められている

年劣化」ではなく、経年とともにその価値が増していく住宅をつくる志（こころざし）が住宅業界に求められている。

ハードからソフトへ

経済が低成長時代に入ると、不動産業界はストック活用時代を迎えた。そして、住宅を個人の資産としてだけではなく社会資産としてとらえようという動きが始まった。だが、それは今日に至るまでほとんど成果を上げていない。

なぜなら、住宅が個人の資産という領域を越え社会資産として闊達（かったつ）に流通していくためには、その資産価値（流通価格）が流通コストを引いても、多少の売却益を確保できる程度に安定していなければならないからだ。しかし、現実は一部の超都心にある高級マンションなどを除けば、そのように恵まれた物件はきわめて少ない。

その原因も、日本では新築時の資産価値が一番高く、時を経るに従い価値が減少していくという慣習（一般的評価）のためである。

新築か、中古かという時間軸で住宅を評価することをやめない限り、住宅が社会資産として流通し、住宅購入が資産形成につながっていく市場は永遠に訪れないだろう。新築か中古かを気にするのは、住宅を設備も含めてハードとしてしかとらえていない証拠である。

工務店、クボデラ㈱社長の窪寺伸浩氏は面白いたとえをしている。

「住宅をハードでとらえるということは、車でいえば、営業マンからこの車はハンドルがついていますよ、ブレーキを踏むと止まりますよといった説明を受けているようなものだ」

住宅をハードではなくソフトでとらえるということは、車でいえばハンドルやブレーキの有る無しは論外、乗り心地や安全性も当たり前で、デザインや加速性、エンジンの心地よい音などで選ぶということだ。つまり乗り手（住宅なら住み手）の感性でとらえるということである。

感性でとらえる

個々の人間の感性には個性があるが、ある程度は共感し合うものがなければ人間社会は成り立たない。もっと言うなら、個性といえどもスタンダード（常識）を外れてしまえば、狂気とみなされかねない。それが人間社会というものである。

だから、住まいは個性が強くなりすぎると流通市場では売りにくくなるといわれている。しかし、個性のない家に住んでもつまらない。要はそのバランスこそ、住まいづくりの胆（きも）といえる。スタンダードというベーシックな感性の中に、いかに個性的な価値観を加味していくか、そのような住文化が育ってこそ、住宅を単に築年で評価する悪弊が消え、流通市場に厚みが生まれてくる。

わが国の住宅市場が徐々にでもそうした〝感性マーケット〟に変わっていけば、住宅が社会資産となって流通し始める可能性がある。言い替えれば、ハードではなく、ソフトとして深みのある住文化が育ってこそ、住宅が真に社会資産となっていくことができる。

中古という言葉の愚かしさ

21年度の新設住宅着工戸数は86万5000戸だった。これは全住宅ストック数約6200万戸（18年度調査）のわずか1・4％に過ぎない。住宅市場全体の98％以上を占める既存住宅を、わずかなシェアしか占めない新築住宅と対置して、わざわざその資産価値をおとしめるかのように〝中古住宅〟と呼ぶ愚かしさに市場関係者は早く気付くべきである。しかもストックは積み上がる一方だから、新築住宅の比率はいずれ1％を切るだろう。

中古住宅という言葉が使われるのは、住宅は新築時が一番価値があり、経年と共にその資産価値が減じていくという考え方がいまだに根強く残っているからである。それはハードからソフトへという価値観の転換ができていないことの証拠でもある。

短すぎる住宅寿命

日本で住文化が育たなかった最大の要因は、日本の住宅寿命の短さにある。国土交通省資料によれば、壊された住宅の平均築年数をみると日本は30年、アメリカは55年、イギリスは77年となっている。日本では住宅の寿命が人間の平均寿命の半分にも届かない。これでは、人生における住まいの役割が中途半端過ぎる。住文化も育たないはずだ。ちなみに、固定資産税評価による償却期間（法定耐用年数）をみても、木造住宅は20～22年、鉄骨造なら19～34年、鉄筋コンクリート造でもわずか47年だ。

そもそも、「住宅を建て替える」という発想が30年経過したぐらいで出てくること自体が不思議だ。自分の代はもちろん、少なくとも孫の世代ぐらいまでは存在してこそ、住まいといえるのではないだろうか。いやそれ以前に「建物価値は新築時がピークで、年数を経ると共に減少していく」という思考自体がおかしいのである。

そうした思考から脱却しないかぎり、高い品質を備え、長持ちする家の基準や認定制度である住宅性能表示制度、長期優良住宅制度などが整備されても根本的解決には至らない。仮に30年の平均寿命が2倍に伸びたとしても、住まいが本来まとうべき〝悠久〟という概念にはほど遠いからである。

「公益不動産業」という概念

「会社は誰のものか」という議論がある。株式会社の始まりといわれるオランダ東インド会社にしても、イギリス東インド会社にしても、当時は出資してひと儲けしようという株主のための器だった。しかし、現代のようにここまで株式会社が経済や政治に大きな影響を与えるようになり、国民の大多数が会社で働く社会になってみれば、もはや会社は「株主のためだけのもの」とは言い難い。

今では会社は従業員、顧客、取引先、さらには地域社会や地球環境にも貢献しなければならないという考えが当たり前になった。こうした、新しい考えの資本主義を担い、先頭に立って推進するにふさわしい産業が「不動産業」であるとは言えないだろうか。なぜなら、不動産業は国を支える基幹産業の一つでありながら、会社の数としては中小企業が全体の98％を占めるという特異な産業構造だからである。

ではなぜ、中小企業が多いことが重要なのか。それは、会社が顧客はもちろん、従業員や経営者（中小であれば株主でもある）、取引先、地域社会などすべてのステークホルダーのための公器になろうとしても、規模が大きい会社ほど株主の利益が優先されがちになるからである。もっと端的にいえることは、会社がまだ小さく成長段階にあるほうが、経営者と従業員が同じ夢を共有できるし、組織が小さいほうが従業員個々人の仕事に従事する幸福感も高いだろうということである。それになにより、地域社会への貢献ということを考えれば、〝地域密着〟をモットーにしている中小不動産業者こそが適任と思われる。

地域貢献で〝人間産業〟へ

不動産業こそ、「新しい考えの資本主義を担う」という言い回しがやや迂遠（うえん）であるなら、家庭や地域社会が崩壊しつつある現状を救えるのは不動産業しかないと言い換えることができる。住宅やオフィス、街づくりなどに関わる不動産業はその本業をもって直ちに家族の絆や地域社会に貢献することができる唯一の産業だ。

行き詰まりを見せている株主資本主義や金融資本主義に代わる新しい資本主義として今、「公益資本主義」なるものが議論されている。その核となる思想は「すべての企業がその本業をもって、社会に貢献する存在になる」ということである。まさに、不動産業はその本業をもって国民に直接幸福をもたらすことができる。

このような認識（志）をもった不動産会社が数多く登場し、日々の事業を通じて社会に貢献し、貢献することで利益を上げ、その利益をもってさらに社会に貢献するという持続的な不動産業を創出していくことができれば、日本は地域から、そして地方から生まれ変われることができる。それが、人口減少、世界に類をみない超高齢社会に突入する日本、なかでも疲弊していく地方や地域社会を救う唯一の道だと思う。そのような志をもった不動産業こそ、「公益不動産業」と称するにふさわしい。

第5章

住文化に託す日本の未来

日本は世界の幸福度ランキングで先進国中最下位である。にもかかわらず、そこから抜け出そうという気運も世論も沸き上がらないのはなぜか。日本人の気力と自信はどこにいってしまったのだろうか。

現代は人の世か

家庭や地域が社会を支え、人々の心が通い合う社会が人の世というものである。しかし、今の日本社会には柱となる共通の価値観も人々の間に信頼も尊敬もなく、共有すべき危機感もない。ある調査によれば若者の75％が老後の生活資金に不安を抱いているという。若者に限らず、高齢者の多くは明日の生活にも漠とした不安を抱き、病気にならないことだけが目標のような味気ない日々を送っている。これで〝人の世〟といえるのだろうか。

国連発表の「22年世界幸福度ランキング」によれば、日本は先進国中最下位の54位。これは一人当たりＧＤＰ、社会保障制度の充実、人生の選択自由度、他者

国連発表の「22年世界幸福度ランキング」によれば日本は先進国中最下位の54位。
ある調査によれば若者の75%が老後の生活資金に不安を抱いているという。日本はこの閉塞状況からどうやって抜け出せばいいのだろうか
（写真＝筆者撮影）

への寛容さ、国への信頼度といった指標が基準となっている。皮肉なことに指標の一つである平均寿命では世界トップクラスの日本。その平均寿命の長さを本当に祝える国にするために日本はなにをどう始めればいいのだろうか。

日本人の精神性

敗戦によって、日本人の精神風土が大きく変わった。ただ、新しいものに変わったというだけでなく、敗戦というコンプレックスがそこに歪（ゆが）みを与え続けてきたことには留意しなければならない。だからこそ、表面上は独立国家という体裁をとりながらも、日本人の精神は自立しないまま、経済的にのみ先進国の仲間入りを果たすことになった。

たとえば戦後の民法改正で日本は伝統的な家督制度を廃止したが、その意味も理解しないまま今日に至っている。精神的には中途半端なままだ。だから、何百年と続いてきた「家制度」への郷愁をいまだに払しょくできていない。

その証拠に家督制度の名残である長男、次男という呼び方は残っている。家制度はなくなったが「お嫁さん」という表現は今でも使うし、地方では今でも「嫁に行く」「嫁をもらう」という言い方をするのではないだろうか。

急速に一般化した共働き世帯で妻が夫を〝主人〟と呼ぶかどうかは知らないが、男性の中には妻を「家内」と呼ぶ人が今でもいる。戦後（78年経過）日本は個人主義に変わったはずだが、どこか中途半端である。「選択的夫婦別姓問題」がこじれているのはその象徴だろうか。

そういえば江戸時代の武士は仕官する藩を御家（おいえ）と言ったが、今でも日本のサラリーマンは「うちの会社」と言う。

幸福とはなにか

人間とはなにか。読んで字のごとく、人と人との間でしか生きられないのが人間である。特に農耕民族を源流とする日本人は昔から〝村社会〟の中で生きてきた。江戸時代以降は、〝村八分〟という制裁も生まれ、村社会でのしがらみがいっそう強固になった。しがらみの中でしか生きられない人間の悩みは、つまるところ対人関係の悩みである。だとすれば、人間の幸福とは何なのか。

日本人の自信喪失は「幸福とはなにか」を見失ったことに起因している。それは戦後の高度経済成長の過程で経済的・物質的豊かさと幸福とを同一視してしまったときから始まっている。人間の幸せは、金銭の豊かさではなく、物質的に恵まれることでもない。幸福は量的なものではないからだ。したがってこの世の中には「大きな幸福」もなければ「小さな幸福」もない。幸福とは心が充足している状態のことであり、その具体的な事象を一つ挙げれば、「自分らしく生きる」こと、その中にある喜びのようなものである。

人間はヒト科の一個体としてこの世に存在している。それだけでも十分幸福なはずなのだが、人間はあえて個体差を意識し、自分らしく生きることのなかに幸福を見出そうとする高貴な生き物である。ただ、それゆえに、悩み、苦しむ宿命も負っている。つまり人間は不幸と幸福を相対的にとらえることもできるどこまでも精神的な生き物である。

自分らしさとはいうものの

ひとが最も自分らしくいられる場所はどこかといえば、それが家である。しかし、日本の男性は「仕事場（会社）が最も大事」という価値観のもと、家という場所の大切さをそのようには捉えてこなかった。むしろ、自分らしさは仕事で発揮すべきものと考えてきたフシがある。

しかし、日本をこれまで支配してきた日本の男性の精神的破綻の要因がそこにある。サラリーマンであれば誰もが実感していると思うが、大企業であればあるほど、仮にどれほど優秀な社員であったとしても所詮は一つの歯車に過ぎない。もちろん、たとえ組織の歯車の一つだとしても、その立場で自分らしく働くことはできる、という反論はありうるだろう。ただ、そこでいう自分らしさとは、あくまでも勤める会社の一社員という前提に立ってのものである。その証拠に、取引相手に自分らしさとは関係ない社名の入った名刺を渡さない人はいないだろう。

外で仕事をしているかぎり、離れることのない肩書きをはずし、仮面をはずし、素の自分に戻れるのが家である。もちろん家の中にも最小単位の社会があるから、そこにも父親（母親）、夫（妻）という役割（肩書き）はある。しかし、それは外での肩書きとは違い、歯車のように取り替えることができない。

取り替えのできない役割がある家庭をないがしろにして、いくらでも自分の替わりが利く職場である会社を優先してきた日本の男性の精神性は、やはりどこかおかしかったと言わざるを得ない。

女性社会への期待

男性の精神的自信喪失のゆえか、日本社会は男性支配の時代が終わり、女性の時代へと移りつつある。女性は子どもを産むというその存在性ゆえか、いかなる境遇においても〝生活者〟である。その点、男性はいつの時代でも、時代が求める機能（役割）を〝仕事〟と自覚し、それに突進する体質を備えた存在である。

これまで見てきたように、日本社会は運命共同体としての意識が失われつつある。それゆえか、逆にそれをもたらした原因なのかは定かではないが、日本社会で今起こっていることは、人と人、家庭と家庭、地域と地域、職域と職域、そして世代間でも分断化が進んでいる。こうした索漠とした社会に明かりを灯し、分断された溝を埋めることができるのは男性ではなく、生活者たる女性である。

人生にとっての住まい

住まいをつくることは、人間とはなにかを知ることでなければならない。なぜなら、住まいは住む人のためのものであり、住む人の心にやさしく語りかけてくるものだからである。そして住まいの本質は住む人と共に成長していくものでもある。親から子へ、子から孫へと住まいが引き継がれていくことで、住まいは独自の風情を持ち始める。住まいが人間にとって〝心の故郷〟になるということだ。また、そうした住まいであれば、それを外から眺める者にとっても親しい郷愁を覚えさせるものだと思う。

かつて、ある自動車メーカーのコマーシャルにこんな言葉があったと記憶する。「クルマはつくらない。クルマがある人生をつくっている」。日本の住宅メーカーでこのような理念を掲げている会社はあっただろうか。

――住宅はつくらない。住宅がある人生をつくっている。

人が住まいに求めるものはたった二つしかない。確固たる生活基盤と、幸せを手にするための場だ。しかし、「基盤」とは何かがよくわからないし、「幸せ」に至ってはさらに難解である。だから、住宅をつくることは実は難解そのものである。とはいえ、そろそろ本書の結論を出さなければならない。「人生にとって住まいとはなんなのか」を。

人生にとっての住まいとは――。住文化をもたない現在、その答えは仮説の域をでないが、それは「己を知る原点」ということだろう。正解は日本が豊かな住文化と共に生まれ変わる日を待つしかない。

日本が生まれ変わる日

日本の次なる黎明期は、家族が集う家庭と、家庭の集合体である地域の再生によって育まれた、感性豊かな子どもたちが社会に巣立つときである。彼らに託された日本の未来はどんな姿をしているだろうか。

誰もが幸福になろうとして家を求める。その構図は今と変わらないが、その精神構造は大きく変わっているだろう。幸福になるために家を求めるのならば、幸福とはなにか、家とはなにかについての知見が深く蓄えられているはずだ。そして、家（住まい）の本質を本気で見極めようとするなら、住まい以前に、そもそも「人間とはなにか」「自分らしさとはなにか」を知っていなければならない。人間とはなにかを知らなければ、人が本当に生きているとはいえないからだ。そして、本当に生きるということがなければ、住まいの大切さに気付くこともないだろう。そういう感性豊かな子どもたちに日本の未来を託したい。そのためにも「ひと」と「住文化」の研究を怠ってはならない。

第6章

住まいの乱れは家族の乱れ 家族の乱れが国を滅ぼす

～住文化創造で新たなマーケットを～

（「住宅新報」２０２３年２月７日号より）

人生は神の演劇　その舞台は貴方の住まい

一般財団法人ひと・住文化研究所代表理事
（日本居住福祉学会理事㈱リブラン創業者）
鈴木　静雄

戦後、我が国の不動産・住宅産業は「住宅」が人間生活の根本的基盤であるにもかかわらず、「ひと・住まい文化の思想」を全く無視し、近視眼的に粗製乱造し、今や大量の空き家、老朽住宅、所有者不明の住宅が存在し、地域生活を危険にさらし、さまざまな社会問題発生の根源となっております。「ひと・住まい文化の思想」を忘れて国、公共団体、民間マンション業者によって建設された狭小集合住宅、中高層共同住宅は、日本の伝統的住まい文化に馴染まないまま、景気産業化されました。

ナイチンゲールが200年ほど前、病気の原因の半分は住環境の劣悪さが原因であると看護覚え書きとして残しております。今私たちは得体の知れない病気に侵されています。これらは明らかに、「ひと・住まい文化の思想」をなおざりにしてきた住宅環境に問題が存在することをコロナ禍で実感することとなりました。住まいの乱れは地域を破壊し、ひいては国を滅ぼします。

今こそ、私たちは住宅・マンション、街づくりに「ひと・住まい文化の思想」をもって、従来の大量建設と異なる、新たな行動のスタートを切るときです。

当財団は、心ある方々とともに、不動産・住宅産業の本質を極めながら、日本の住宅建設業界が失った「ひと・住まい文化の思想」を広範に普及し、啓蒙することを目指しております。

「住宅」が生き甲斐抹殺、健康阻害、地域分断を促している悲惨な現状に対して、住宅が「人間性ある住まい」となることを、当団体の目的といたします。

安全、安心、健康に役立つ提言

日本医師会前副会長　今村　聡

コロナ（COVID19）流行の収束がいまだみえないなか、いやがうえにもwithコロナ時代が当然の状況になり、在宅勤務をはじめ家族が在宅ですごす時間が今まで以上に増えることになる。住宅は、生活していくうえで最も長時間すごす場所であり、生活の根本的基盤である。住宅とそこに住む人々の健康に密接な関係があることを示すデータも次々と明らかになってきている。

ちなみにヨーロッパでは、住宅政策は社会保障政策として位置付けられ、新自由主義の英国ですら高齢者の住宅に関しては、室内温度の維持が法律に明記されており、住宅と健康という視点がしっかりともたれている。一方、わが国においては、住宅政策には健康に対する視点が弱いといわざるを得ない。建築資材の基準等が設けられ住民に健康被害を生じさせない配慮はされているものの、積極的に健康状態を高めていくような住宅という視点が欠けている。住宅は、あくまで国民の自己責任において自ら用意することになっている。住宅産業も新築住宅にスマートハウスのようなイノベーションを活用した住宅を用意し始めているが、結局裕福な家庭しか対象になっていない。今後超高齢化・少子化を迎えるわが国において、高齢者にとって新たな疾病の発症予防・介護予防につながる、また子どもたちにとって健やかに成長していける住宅こそが求められる。これは新築の住宅に限らず既存の住宅改修にもこのような視点が必須である。

民間団体である当団体が主体となり、これらの理念に基づき国民が安心安全で健康に役立つ有用な政策実現に向かうことを期待する。

民間から公益活動を

健康・省エネ住宅を推進する国民会議理事長　上原 裕之

1993年自ら建てた自宅兼診療所で目が染みる等の症状が出て「シックハウス」として世に問い始め「シックハウスを考える会」を設立しました。

1994年歯科医師として神戸震災の援助に入った際に新聞記者の紹介で早川和男神戸大学教授とお会いすることができました。早川先生は、「住宅は戦前〝内務省〟が行い、医務技官が存在した。しかし戦後建設省が独立し、医療技官がいなくなりただの箱（器）になってしまった」と話されていました。

このことは仕方ない（国の仕組みだから）と考えるのか？　それとも、省庁の壁を乗り越えて連携して対策を取り組める環境を作るのか？　私は後者を選びました。

シックハウスに関しては「朝日新聞アエラ」に問題提起をはじめ、さまざまな救済活動を行うなかで、２００３年建築基準法改正につなげ、「有害住宅建材規制」につなげました。

住宅の寒さに関しては英国調査結果を厚労省に伝え、対策を要望しましたが、「一からエビデンスが必要」ということで国交省にＳＷＨ予算を確保いただき、実施の支援を行いました。

現在、エビデンス確保を受けて、厚労省、経産省、環境省、国交省、地方自治体、医学建築、地方創生の有識者と新たな取り組みの準備をしています。

鈴木代表理事の志と連携して「国民の健康、幸せ」「国の発展」の為に民間からの公益活動を推進してまいります。

根底から捉え直す

株式会社不動産経済研究所顧問　角田　勝司

〝ひと〟には柔らかな人間性が秘められている。冠詞として置かれた〝ひと〟は住文化に融合し、「住まい」を根底から捉え直す姿勢が表現されている。これが〝人〟だと、頑なな対策を強制するような意味合いとなる。
「ひと・住文化研究所」が発足するにあたり、その目的が「住文化思想」を、わが国の住宅業界、建設業界に留まらず、広く経済界そして政策にも基本的基盤とするよう求める活動をすることに賛同したい。
空き家や廃屋、所有者不明の住宅の大量発生と都市にみられる乱開発の結果が環境破壊につながっている。またコロナ禍で突如出現した「在宅勤務」は住まいを生産工場化するものである。こうした住まい文化を全く無視した動きにも問題があることも注視していただききたい。

家から始まる幸せづくり

株式会社ドムスデザイン代表取締役
戸倉 蓉子

一般財団法人ひと・住文化研究所の立ち上げ、誠におめでとうございます。人がいて、住まいがあって、そこに文化が生まれる。まさに財団のお名前のとおりです。家は人が住まなくなるとあっという間に傷みます。家も生命体だからです。住まい手と一緒に呼吸し、住まい手を成長させ、人生を創ってくれる生き物。だから変な生命体（家）に住むと悪い方向へ導かれてしまい、良い生命体に住むとイキイキと輝くものとなります。それだけに、住環境を創る立場の人には責任があります。

鈴木靜雄代表理事の率いる「ひと・住文化研究所」。これから多くの方に携わっていただき、家から始まる幸せづくりと閉塞感のある日本を変える存在となることを祈念いたします。

健康快適住宅づくりを

住宅産業塾塾長　長井 克之

病気になる食・住生活をして、病気になり、治療を受ける。そのためにリスク管理として保険をかける。個人も困り、国は大きな負担を背負い込む。こんな馬鹿げたことはない。

また病気でなくても未病・不健康な状態では幸せではない。子どもが生まれながらにしてアトピーや喘息などのハンデイを背負うこと、大人の生活習慣病・うつ病・認知症・がんなどの増加、また高齢者の不健康寿命約10年の不幸も同じで看過できない。

住宅は本来、住まい手が生命を担保に、大金を借金してまで求める家族の幸福の城である。その住宅で病気・不幸になるのでは話にならない。未病状態も多く、今、総力あげて解決策を講じる必要がある。

柱をなくした日本

住宅評論家・株式会社住宅新報顧問

本多 信博

「社会の底が抜けている」とは言い得て妙である。生きているのにその実感がない。働いているのに世の中の役に立っているという自信がない。だから仕事をあまり楽しめない。今はそんな人が多いのではないか。

リタイアし近所を散歩しているお年寄りはどうなのか。そんなことはないと思いたいが、病気にならないことだけが生きがいなら寂しすぎる。

日本社会全体が覇気なく沈んでいるような気がするのは私だけか。その根本的要因が住宅と地域の疲弊にある。住まいにも、地域社会にも強固な柱が欠けている。

それは日本人が戦後、経済至上主義に走り、人間として民族として国家としての誇りと文化を育ててこなかったからである。

しかし、まだ日本再生は可能だと信じたい。

住宅は実に不思議な存在

株式会社週刊住宅タイムズ記者
柄澤　浩

住宅は単なる器であっても、そこに人が暮らし、息づくことで住まいとなり、家となる。大きな家もそうでもないものも、新築から中古、一軒家もあれば集合住宅、大型団地もある。伝統的な木造から鉄骨・鉄筋コンクリート造りだけでなく、世界には土や石、布類まで、人は実にさまざまな住宅を住まい・家としている。

そこに暮らし、日常生活を送るなかで、人は住まいに多くの満足を得るとともに、不満や改善策の数々も併せ持つようになる。その欲求が希望や生きがい、文化につながるものだとしたら、住宅は実に不思議な存在である。

発足する「一般財団法人ひと・住文化研究所」が、さまざまな「住宅問題」を解きほぐす糸口を示す存在になればと思う。

人間の自由な発展を

日本居住福祉学会副会長
大本 圭野

このたび鈴木静雄氏の努力によって、居住関係研究所の少ないわが国において「ひと・住文化研究所」が設立されますこと、きわめて重要なことです。たかが「住居」、されど「住居」。土地・住宅問題に起因する1980年代後半のバブルとその崩壊は、この30年間、21世紀の今もって日本経済を低迷させ、浮上できない状況にさせています。

21世紀世界の最大の課題は、気候変動の取り組みです。国連のSDGsは、達成目標の11番目に「住み続けられるまちづくり」を掲げ、その方法の一つに「誰もが参加できる形で持続可能なまちづくり」をあげています。

ひと・住文化研究所は、SDGsのこの達成目標と方法をベースに「人間の自由な発展」を目指してユニークな役割を担うことが必要です。

新陳代謝の考えで

一般社団法人国家ビジョン研究会理事
野口 哲英

一般的に住まいは一生同じ家で過ごそうとする人や住み変えることをする人などさまざまなケースはあるものの、少なくとも今日では大家族や2代3代にわたって住み続けることはまれなこととなり西欧型の年齢を重ねるごとにメンテナンスがかからず広さよりも利便性を求めてコンパクト化することになるでしょう。また、昨今後継者としての子どもは別々の住まいを持ったり子どものいない夫婦や独居も増え、引き取り手がいない家屋も増え、周辺の環境変化が問題とされる状況も生じています。

さて、このような状況への対応には「メタボリズム」すなわち新陳代謝の考えがこれからの住宅問題解決の基本的考えとして捉える必要があるでしょう。

在宅ケアをとおしての高齢者住居

訪問看護株式会社陽だまり代表
森口　美智子

現在の介護サービスではご利用者様が安全で、趣味や生きがいを続けられる環境を提供するため、自宅への訪問、通所、宿泊のサービスを組み合わせ、多様なニーズに対応できるようにしています。経済面や生活面、健康面などの相談は頻回に家族からお話しがありますが、その都度訪問時に対応、安心した生活が送れるよう、お気持ちを常に意識して連携サービスを提供しています。

高齢者の住居は自然に触れ合う機会を多く作り、住み慣れた地域で、地域の人たちとふれあいながら生きる。生きがいを持って、笑顔を増やし、ご自分のペースに合わせて楽しく暮らすことが望ましい。

この財団で人の一生とは何か。福祉とは何かを議論していきます。

「住まい」を「資産」に

プラチナ出版株式会社代表取締役
今井　修

戦後の高度経済成長期以降、家族が幸福で住み続けられるマイホームの取得を先輩方が目標としてきましたが、はたしてそれらが住む人の本当の幸福を実現した住宅なのかが、建設・不動産業界ではあまり検証されませんでした。

また不動産先進国の米国では、子どものころから「お金」の正しい使い方・増やし方等の金融教育が行われており、日本でも現在は「貯蓄」から「投資」への自己責任の時代になり、高校の家庭科で金融知識の普及が導入されました。

弊社は不動産関係書籍を発刊する出版社です。書籍やセミナー等を通じて、「住まい」を「資産」として、後世に残され続けていく意識喚起に少しでも役立てればと思います。

座談会

ゼロからの変革めざし、不動産業を人間産業へ

～本業で社会課題の解決めざす心ある経営者らとともに～

（2023年6月7日（水）東京・板橋区大山リブラン会議室にて）

一般財団法人「ひと・住文化研究所」（ひと・住文化研）は我が国の不動産・住宅産業を真に〝人間産業〟としてよみがえらせることを目的に22年11月に発足しました。住宅は本来、「ひと」に「幸せ」をもたらすべきものですが、戦後の住宅政策が長い間、量的供給を主眼とし、住まいの本質に迫る視点を欠いたままであったことから、健康被害や子どもと高齢者の孤立化、コミュニティの衰退などさまざまな社会問題を引き起こしています。

住宅政策が量から人々の生活の質向上へと舵を切ったのは2006年の住生活基本法といわれていますが、その目標達成にはまだ道半ばです。その証左の一つが住文化の欠如といえるでしょう。そこで当研究所は本編に掲載した『住文化創造～日本再生へのガイドライン～』を世に問うとともに、全国各地で高い志をもって活動している不動産経営者らと協働し、地域の課題を解決していくことが我々の使命だと決意しました。

最終目標は我が国の住宅市場に豊かな住文化が育成され、もって我が国不動産業界が人間産業としてよみがえることであります。本日、志高き不動産業経営者らをお招きし、ひと・住文化研の理事らと行った当座談会が、その第一歩となることを願ってやみません。

一般財団法人「ひと・住文化研究所」代表理事
鈴木静雄

「出席者」

㈱明和住宅流通センター代表取締役　塩見紀昭氏

㈱市萬代表取締役　西島昭氏

㈱ハウスメイトパートナーズシニアコンサルタント
伊部尚子氏

価値住宅㈱代表取締役　高橋正典氏

平和建設㈱代表取締役　河邉政明氏

ひと・住文化研代表理事　鈴木静雄氏（リブラン創業者）

同理事　戸倉蓉子氏（ドムスデザイン社長）

同理事　長井克之氏（住宅産業塾塾長）

同理事　大本圭野氏（日本居住福祉学会副会長）

同理事　野口哲英氏（国家ビジョン研究会理事）

同理事　森口美智子氏（訪問看護陽だまり代表）

司会

岡崎卓也氏（（公社）全国宅地建物取引業協会連合会・不動産総合研究所）

岡﨑　本日はお忙しいところご参集いただき、ありがとうございます。鈴木静雄代表理事から高い社会性と志を持った不動産会社との意見交換の場を開きたいので協力してもらえないかとのお話しがありました。そこで私どもが毎年発行している『RENOVATION～新しい不動産業を目指して～』などの取材でお世話になっている方々にお声を掛けさせていただき、５人の方にお集まりいただきました。それでは、最初に鈴木代表理事よりご挨拶をいただきたいと思います。

鈴木　不動産総合研究所の岡﨑さんが5年がかりで全国から発掘した〝社会的不動産企業100社〟に感動しまして、我々財団が目指すところを実現するためには、高い社会性と志をもった不動産経営者らと協働していくしかないと思い、本日お集まりいただきました。当研究所のほうからは建築、福祉、医療などの分野で戦っている理事が参加しております。今日は初対面の方が多いと思いますが、お気軽な気持ちで日ごろ、仕事の上で感じておられる課題などについてご意見をいただければと思います。

岡﨑　では、研究所の理事の方々から自己紹介を兼ねてご発言をお願いします。

建築、住宅産業分野における課題

戸倉　私はかつて看護師として働いていましたが、そのときの患者さんとのある体験から、患者さんを元気にするためには病院を明るくすることが大切だと気付き、一念発起して建築士の資格を取り、イタリアに留学して建築デザインを勉強して、「ドムスデザイン」という会社を立ち上げました。今は病院を改革したい、明るくしたいという想いから〝病院らしくない病院〟をコンセプトに建築、設計、デザインの仕事をしております。また、ホテルや賃貸マンション、スポーツクラブなどの設計もしております。

鈴木　戸倉さんが設計・デザインした病院はホームページでご覧になれますが、見るとこんな病院があるのかってビックリしますよ。なかにはリゾート施設かと勘違いしそうな病院もあります。本人は病院じゃなくて〝健院〟と呼んでいるようですが。とにかく既成の価値観と戦っておられます。

戸倉　私は建築家ですがどちらかというと、建物自体にはあまり興味がなくて、病院に限らずホテルにしても賃貸マンションにしても、そこにいる人間とか、そこで形成されるべきコミュニティとか、それらが建物の環境でどう変わっていくかといったことに興味をもっている人間です。今日はとても楽しみにして参りました。

長井　私はかつて大手の住宅会社にいましたが、儲け主義に見切りをつけてスピンアウトし、自分でコンサルティングを始めました。日本の住宅を良くするためにはどうすれば良いかということでずっと取り組んできましたが、日本の住宅の大半を建てている工務店の中には志ある経営者がたくさんいますから、その人たちに理念とかビジネスシステムとか商品とかを教えていけばなんとかなるだろうということで「住宅産業塾」をつくりました。

でもバブルの時代（91年）に始めましたから、当初はみんなに反対され、実際ほとんど見向きもされませんでした。それでもCS（カスタマー・サティスファクション）をやり、現場の整理整頓を呼び掛け、お客様のためになる家づくりをしようと思い頑張ってやってきました。今振り返るとやはり確かに無謀、少し狂っていたかもしれません（笑）。

鈴木　戦いながら頑張って、工務店100社が集まった。今、学んだ工務店は500社を超えています。

長井　教えた会社で日本一になったところもあります。ただ、どうしてもやっかいな問題がありました。それは生命を担保に住宅ローンを組んで買った家なのに、なかには病気になる家もあるということです。とくに小さなお子さんがアレルギーやぜん息になったり、原因のわからない病気になったりしています。原因の大半はおそらく空気だと思います。

鈴木　産業塾では全国の工務店に自然素材を使うことを勧めています。

長井　自然素材はお客様に喜ばれますので、家づくりの基本です。それから、最近は介護施設、保育所などでも使われ始めました。ただ、まだまだ商業主義になっていますからそこに集まる高齢者とか、お子さんの健康を最優先してつくられるケースは少ないです。

奥左側から１人目出席者塩見氏、３人目岡崎理事、鈴木代表理事、戸倉理事、長井理事

鈴木　自然素材の家に移ったら子どものアトピーがすっかり良くなったという話は本当にありますね。

長井　そのとおりです。ただ、もうひとつ忘れないでいてほしいのは、問題は空気だけではなくて電磁波過敏症もあります。海外では当たり前の認識ですが、日本では完全に否定されてしまっています。

手前から森口理事、野口理事、大本理事

福祉、介護分野と住まい

岡崎　では、日本居住福祉学会副会長の大本さん、お願いいします。

大本　私は厚生労働省にかつてあった社会保障研究所（国立社会保障・人口問題研究所の前身）に勤めていましたが、行政改革で研究所が民営化されることになり、研究員は全員出ることになり、私は大学の教員になりました。社会保障が専門ですが10年前に退職いたしました。今はいろいろなボランティア組織で活動しています。

鈴木　大本さんは日本の住宅政策に関する研究で神戸大学から学術博士を取得されています。もう亡くなられましたが、神戸大学名誉教授で日本居住福祉学会の初代会長を務められた早川和男先生の側近だった方です。

大本　やはり今でも一番興味があるのが住宅ですが、日本は社会保障と住宅の関係が非常に薄弱です。ヨーロッパの福祉国家においては社会保障と住宅が連動していて、年金をもらっていても住宅が悪ければ住宅手当が受けられるし、児童手当をもらっていても住居環境が子どもに悪いとなれば住宅手当ももらえます。

ところが日本は住宅については自己責任ですから、結局多くの悲惨な状況があちこちにあります。私は社会保障と住居の関係を調べていますが、そしてわかったことはこの二つは密接に連動していなければいけないということです。というのも、住宅と土地がすべての根源にあるからです。経済をバブル化させる根本はアメリカのサブプライム問題を見てもわかりますが、世界中どこでも住宅です。日本も株と土地・住宅が連動してバブルを引き起こしました。住宅はなぜかあまり重視されませんが、日本に限らず世界経済を脅かすのは住宅です。そしてバブルがはじけたときに最も被害を受けるのも住宅ですから、住宅は社会保障によって支えられるべきなのです。日本はバブルがはじけて30年以上経ちますが、その間日本はあらゆる分野で世界の後進国に成り下がりました。その大本には住環境の悪化があると思います。

野口　私はメドックスグループで仕事をしています。そのひとつ、メドックス設計事務所は46年目になります。ここは医療と福祉関係専門で全国の病院の設計監理ということで、戸倉さんとご一緒することもあります。私の医療関係のテーマは早く治して早く退院させることです。どうするかというと、戸倉さんのインテリアを活用するほかにもう一つあります。それは、今度初めてのプロジェクトになりましたが、木造5

階建ての病院を建てました。今はコンクリートの高層ビルがどんどん建てられていますが、「ひと」に良いのは木造の建物です。それから全国介護事業者連盟というところで理事長もしていましたが、介護施設では今、自立をどうやって促すか、自立支援に役立つ設計の研究もしています。おそらくコンクリートよりも木造のほうが高齢者の自立を促すと思います。これからの日本は高齢化がさらに進みますから、高齢者の住まいのあり方の研究が必要になってくると思います。

鈴木　野口さんは著書も多くて『医者いらず金いらず』『サバイバル病院経営 - 逆転の発想21』、近著では『認知症ＢＰＳＤ革命 ―最後の希望』など話題の本がたくさんあります。

森口　私は今、訪問看護の現場にいますが、ある高齢者の方がこう言っていました。「昔マンションを買ったときには自分の老後のことは何も考えていなかった。今は足が不自由になってこんなに苦労しています」と。家族はいますがバラバラに暮らしているので今は一人暮らしです。ゴミ出し一つできません。私たちがすべてお世話するわけですが、キッチンの横にベッドを置くなど何とか工夫しながらやっています。このように、マンションを買ったときに老後のことも考えておけば良かったという方はたくさんおられます。

こういう弱ってしまった高齢者がいる一方、とてもエネルギッシュで元気な方々もたくさんいます。ちょうど鈴木さんのように（笑）。ですから私の理想は元気な高齢者をたくさん増やして、鈴木さんのようにどんどん冒険していただいて、若い方々を奮い立たせていただきたいと思います。

鈴木　頑張ります。81歳です！

不動産業は問題解決産業

岡崎　理事の皆様、ありがとうございました。まさに多士済々のメンバーが研究所におられることがわかりました。ここからはゲストとしてお招きした不動産会社の方々のお話しを伺いたいと思います。では、塩見さんからお願いします。

塩見　今日は二つの顔でここに来ております。一つは日本賃貸住管理協会の会長をしております。もう一つは東京・世田谷で賃貸管理業を37年間やっております。管理戸数は1万戸ぐらいですが、先ほどからの皆さんのお話しを伺い、私がやっていることは小さくて本当に狭いところで仕事をしているな、とつくづく感じた次第です。その意味でも今日はとても良い機会をいただいたと感謝しております。

私も一人の経営者としては日本の危うさを肌で感じています。と言いますのも地方に行くとシャッター通りが並んでいて、ニホン大丈夫か？　と心配になりますし、電車に乗るとほとんどの若者が下を向いてスマホ見ていて元気がない。この間ベトナムに行ってきましたが、あちらの若者は目をギラギラさせ、せわしなく動き、とにかくパワーを感じる。それに比べ日本に帰ってくると静かです。成田空港から都心までのバスの中もシーンとして、みんな寝ている。なんでこんなに日本人は元気がないんだろうと思います。

僕ら大人が悪いのかもしれませんが若者たちが夢も生きがいもなく、ワクワクもしないというこの状況から何とか脱却しなければと思っていたところなので、今日は皆さんからたくさんのヒントをいただいた気がしています。

西島 私は塩見さんと同じ世田谷の用賀で〝不動産の問題解決〟に特化したコンサルティング会社を経営しています。管理戸数は2200戸です。新築は一切やらず、築20年を超える古い物件を専門にしています。そういう「特徴」を大事にしている会社で、設立して24年になります。

今日ここまでの皆さんのお話しを伺って思うことは、地域や社会の問題を解決していくのは大手ではなく、私どものような小さな会社のほうが向いているということです。というのも今の時代はニッチな部分で、個別に対応していくことが社会のニーズになってきていると感じるからです。

ただ、小さな会社だと仕事がどうしても属人的になりがちです。それをどうやって事業継承していくかという問題があります。また、大手はスケールメリットを生かすことができますが、それができない中小は働き方改革やデジタル化の面でも障害があります。とはいえ、ニッチな部分での課題解決は中小がやっていくしかありませんので、中小企業がそこで活躍するためのインフラを整える必要があると思っています。

たとえば人材採用・育成です。それからデジタル化も必要ですが、そのためには日管協や全宅連さんに指導していただきたいし、あるいはそのための環境を一緒に創って、やる気のある中小企業がこれからも事業を継承していけるようにしていければなと考えています。

塩見　ちょっと補足させてください。私は西島さんを昔からよく存じ上げていて尊敬もしています。今、西島さんはだいぶ謙遜して話されましたが、「市萬」という会社は戸数ではなく賃貸管理の質では世田谷区でトップだと思います。質を高めるという意味では、ＨＥＡＤ（ヘッド）研究会の話もしていただけますか。

塩見　紀昭氏

株式会社明和住宅流通センター代表取締役
公益財団法人日本賃貸住宅管理協会会長
東京都渋谷区生まれ。1987年、現・㈱明和住販流通センターを設立し、代表取締役社長を務める。首都圏の投資用マンションを中心1万1770戸超を管理し、賃貸仲介、売買事業などを展開。公益財団法人日本賃貸住宅管理協会においては、設立時より理事を務め、2020年、会長に就任。現在2期目。

西島　そうですね。塩見さんや岡﨑さんにも協力していただいているＨＥＡＤ研究会というのがありまして、私はそこで理事をしています。この団体は不動産と建築の問題解決を目的としていまして、大学の先生、学生、そして私ども実務家が三位一体となっていろいろな研究活動をしています。

というのも不動産は結局建物を建てる仕事ですから、不動産業は必ず建築とつながってくるわけです。しかし、不動産は不動産会社、建物は設計家、建てるのは建築会社ということで分かれています。しかし賃貸管理に限らず不動産業全体のためにもそこはもっと融合していく必要があると考えています。さらに、これからは古い建物をどうやって活用していくかという問題がありますが、そこでも不動産会社と建築家の融合は重要になってくると思っています。

長井　私も建築業と不動産業の人たちがコラボしなければ、良い住宅は生まれないと思っています。分離した状況では、悪徳業

西島　昭氏

株式会社市萬代表取締役
大学卒業後、株式会社リクルートに入社。
1999年、不動産に関する問題解決に特化したコンサルティングを行う株式会社市萬を世田谷区用賀に設立。東京都、神奈川県を中心に金融機関からの顧客紹介
によるビジネスモデルを築く。
不動産管理・売買・有効活用、相続対策、貸宅地の権利調整など総合的な不動産コンサルティング事業を展開。
著作として「築20年超えのアパート・マンションを満室にする秘訣」、「お金が貯まる不動産活用の秘訣」（いずれもごま書房新社）ほか累計5冊を出版。

者や儲け主義が入り込みやすくなる。ＨＥＡＤ研究会の活動を楽しみにしています。

岡﨑　では、次に伊部さんお願いします。

伊部　私は社長でもなければ社長の娘でもありませんが、今の会社に勤務して23年になります。これまで賃貸仲介、管理、新築の企画など賃貸に関するさまざまな仕事に携わってきました。今はオーナーさんの相続や事業承継をお手伝いする部署で３年ほど仕事をしています。

また、会社以外のお仕事としては全宅連の居住支援調査研究会の委員を３期務めさせていただき、日管協の安心居住研究会でも高齢者の居住支援の研究をしており、またＨＥＡＤ研究会では不動産マネジメントＴＦ（タスクフォース）に属しております。いろいろなご縁をいただいて感謝しております。

岡﨑　伊部さんにはお話しの中にもありましたが、全宅連で居住福祉に関する研究会を立ち上げるときに現場の声を聞きたいということで初年度からご参加いただきました。おそらく、住文化研究所がこれから活動していくときにも、不動産と福祉との関係に造詣が深い方ですので貴重な意見を伺えると思います。

高橋　価値住宅の高橋です。27年ぐらい前に３人ほどでつくった会社にジョインし売り上げ50～60億円ぐらいまでいって、そろそろ上場しようかというときにリーマンショックが起きて計画は頓挫しました。その会社自体は今でもあります。ただ、私自身は家を建てて売ってそれでおしまいというやり方になんとなく飽き足りなくて、15年前に売買仲介がメインの「価値住宅」という今の会社を立ち上げました。新築を売って、それでさよならという〝手離れ〟の良さで商売するのではなく、むしろ家の価値を高めていくようなまともな流通市場をつくりたいというのが動機でした。

仲介も成約したあとは「さよなら」という会社が多いですが、私どもは成約したあとでもお客様との関係を継続していくことをモットーにビジネスをしています。具体的には、成約後10年間のメンテナンスや維持管理契約を結ぶことを条件に仲介させていただくという仕組みを取り入れています。

最近は住宅流通には家の価値を維持していくために修繕などの履歴を残しましょうという考え方がありまして、「いえかるて」の協議会（住宅履歴情報蓄積・活用推進協議会）がありますが、そこの理事もしております。住宅を長寿命化していくという住生活基本法にも盛り込まれている考え方です。そういうあるべき住宅流通をめざして努力している会社です。

岡﨑　高橋さんところは私が知る限り、住宅流通市場のことを一番真面目に考えている会社で、お客様を一番大事にするということを前提に仕事をされている会社です。本もたくさん出されていて、消費者が中古住宅で間違った買い方をしないための情報を発信されています。

また、〝一顧客生涯化〟といって、長井さんがいつも言っておられることとほぼ同じ考え方を不動産業で実践されています。つまり、中小業者は大手のようにお客様の数が潤沢ではないので、ひとりの顧客を生涯にわたってフォローしていくことでリフォームや売却のビジネスにつなげていくという考え方です。

長井　お客様のことを考えない、いちばんひどいのが欠陥住宅ですよ。生命を担保にローン組んで買った家が欠陥住宅なんて許せないでしょう。幸せを奪ってしまうわけですから。

鈴木　高橋さんのところも目指すところは、「仲介をしない仲介会社」ですよ。

高橋　仲介に代わる言葉も考えながら、こ

伊部　尚子氏

株式会社ハウスメイトパートナーズシニアコンサルタント

2000（平成12）年ハウスメイトグループに入社。仲介営業、仲介店長、管理の現場担当者を経て、同社女性初の管理支店長に就任後、管理契約受託営業を経て現職。金融機関・業界団体・大家さんの会、大学等での講演多数。大家さん・入居者さん・不動産会社の三方良しの仕事がモットー。全宅連居住支援研究会委員。公認不動産コンサルティングマスター、ＣＦＰ、上級相続支援コンサルタント、賃貸不動産経営管理士。

れからも頑張ります。ありがとうございました。

鈴木　〝幸せ〟のお手伝いということだよね。

岡﨑　では、ゲストの最後になりましたが河邉さん、お願いします。

河邉　埼玉県の戸田市で仲介と賃貸管理業をしています。今日のメンバーの中ではいちばん小さな会社になります。地域で展開してきた会社の2代目ですが、今期で44年目になります。私自身はアパレル業界からきた人間で、当初は不動産のことはなにも知りませんでした。

特に困ったのは不動産の現場に立てばどうしても建築の知識が必要になるわけですが、先ほどのお話しにもありましたように不動産と建築が別々なので周囲の誰に聞いてもわからないことが多かったです。ただ、適切な表現かどうか、〝上流〟のほうではつながっていて、結構良い建物も建てられているんです。しかし、我々のような下流に流れてくるのは、どうしようもないというか、志のない物件がゴロゴロありまして、それを商品として仲介するしかないというのが実態です。

そういう悩みを抱えながら、どうしたらユーザーに正しい情報を伝えていけばいいのかということで志したのが「インスペクション（建物診断）」でした。そこでホームインスペクターの資格を取り、住宅の知識を得ることができました。今は日本ホームインスペクターズ協会（ＪＳＨＩ）に入って理事の仕事もしています。

協会の中には大工も不動産屋さんもいるんですが、大工さんの話を聞くと「不動産屋は寄生虫だって」ひどいこと言うんですよ。もちろん、良い建物に住んでもらいたいという志は同じなのに、業界が違うとそう見えてしまうことが問題だと感じています。

それから、町場の不動産屋さんが弱いところはデザインですよね。そこで、ＮＰＯ法人のCHAr（旧モクチン企画）と一緒に物件改修デザインツール「モクチンレシピ」を使って古いアパートを再生する仕事もしています。若い人たちの中には生活保護の方よりも生活費が少ない人がいます。そういう若い人やお金のない個人事業主の方でも集まってこられる場所をつくり、地域に賑わいが生まれるような取り組みもしてい

高橋　正典氏

価値住宅株式会社代表取締役
デベロッパー及び住宅販売会社の役員を経て、2008年価値住宅株式会社を設立し代表取締役就任。
仲介会社として全取扱い物件に「住宅履歴情報」の蓄積を行い、取引物件の資産価値の維持・向上に取り組む。
また、一つひとつの中古住宅（建物）を正しく評価し流通させる不動産会社のＶＣ「売却の窓口®」を運営、全国展開している。
（一社）安心ストック住宅推進協会代表理事、（一社）住宅履歴情報蓄積・活用推進協議会 理事。宅地建物取引士、ファイナンシャルプランナー、公認不動産コンサルティングマスター
【著書】『プロだけが知っている中古住宅の買い方と売り方』（朝日新聞出版）他

ます。

昔はやる気のない若者に対してはハッパをかければ良かったのですが、今はそうではないところが気になりますね。そういう若者にもやる気を起こさせるために、不動産会社としてできることは住まいや建物を提供して、社会につながりを創出していくことだと考えています。

岡崎　河邉さんは、今お話しがあったように古い木造アパートを再生することを通じて地域の活性化に取り組んでおられます。そうしたプロジェクトが成功するための進め方のポイントについてお話しいただけますか。

河邉　そうですね。古いアパートをデザイン的に再生し入居者を募集しますと比較的感度の高い人たちが集まってきます。そういう方々は若い人や個人事業主、駆け出しの方などが多いので、そういう方々が社会的に埋もれてしまわないように作品を展示したりして能力を可視化するなどの工夫をしています。また、そうした取り組み自体をマスコミなどいろいろな機会をとらえて発表していくことも大切ではないかと考えています。

河邉　政明氏

1971（昭和46）年埼玉県戸田市生まれ。法学部を卒業後、アパレル業界に就職。1996（平成8）年から父の経営する平和建設（株）へ入社。東日本大震災を機に日本ホームインスペクターズ協会（JSHI）公認資格を取得し、2017（平成29）年から「「空きハコ」を「宝のハコ」へ」をスローガンに、空き部屋に新しい価値を生み出し魅力的なまちをつくる「トダピース」プロジェクトを始動。

鈴木代表理事と出席者右から塩見氏、西島氏、伊部氏、高橋氏

然創業当時のわが社にとってはそれが起爆剤となりました。そのように、障害となる問題があればそれを一つひとつ解決していく熱意が不動産会社には必要だと思いますね。

それから、ある問題、テーマを解決しようとするときに設計事務所とか工務店、また不動産会社もそうですが通常はなんの力もない。だから、土地を買って、すぐ設計に掛かってはダメなんです。そうではなくて、この土地がこの地域のために果たすべき役割は何かをじっくり考える。そのため

不動産業に思想を

鈴木　当社（リブラン）も最初は仲介からスタートしました。55年前ですが当時は中古住宅にはローンが付かなかったので銀行に直談判しました。そうしたら当社がいったん中古住宅を買い取って新築同様にリフォームした物件にはローンを付けても良いということになりました。日本で中古住宅にローンがついたのはそれが最初です。当

には地域の主婦、教育、福祉、医療関係などさまざまな方々に集まっていただいて、解決すべき課題は何かを落とし込んでいく。すぐ建物を建てたがる設計事務所はダメです。ですから、これからの不動産会社は問題を見つける能力、発見する力を身に付けるべきだと思う。地域にある課題を発見して、解決への道を探るプロデューサーのような役割です。すぐに工務店や設計家を巻き込んで始めたら必ず失敗します。

長井　余計なことですが、住宅業界は逆なことを言っています。「ヘンな不動産会社には絶対つかまるな」って（笑）。

鈴木　良心的な工務店から見ればそうなるよね。

左から１人目出席者河邉氏、３人目高橋氏、伊部氏、西島氏

長井　そうなんです。だからこそ、信頼できる者同士がコラボすることが一番大切になります。

塩見　信頼できる会社かどうかがわからない。

長井　地元の企業にはそこを注意するように言っています。いろいろ評判を聞いたりしてじっくり探せば見つかります。絶対要件はCSを徹底しているか。お客様を本当に大事にしている会社なら大丈夫です。業界が違えばお互いに持っている知恵が違いますから、信頼できる者同士がコラボすることで良いものが生まれます。

塩見　具体的に良い工務店を見つける方法はありますか。評価基準みたいなものはありますでしょうか。

長井　特に決まったものはないですが、新築では素人でもわかるのは「現場がきれい」ということでしょう。まじめな会社でなければ、現場はきれいにできませんから。

きれいな現場というのは建物の入り口も中もきちんと養生がされている、電気配線は上にあって下には置いていない、大工道具が床に落ちていることはなく、すべて棚に上がっている、資材も余計なものは入れない、といったところをチェックすればわかります。あとは作業員のマナーです。できれば予告なしで訪問したときの対応を見ればすぐにわかります。

鈴木　住宅産業塾のメンバーはその点が徹

底されていると。

長井　もちろん。全然心配ありません、一流です。どこへ頼んでも大丈夫です。そういう、お客様さんのことを一番大事にするという自分たちの会社のブランドを大切にしている会社は必ずあります。

西島　現場を見るというのは一つの手段ですが、より望まれるのは不動産会社が工務店や設計事務所を選ぶときに役立つ情報がインフラとして整備されていることではないでしょうか。さらに言えばエンドユーザーが工務店や管理会社を選ぶときの情報インフラも必要です。現状は会社が大きければ大丈夫といった程度のことしかないですから。

出席者と理事で意識高い会談交わす

鈴木　全宅連なら、そういう情報の窓口はあるでしょう。エンドユーザーが相談に行けるような。

岡﨑　ありますね。

西島　全宅連でも日管協でも良いですが、そういうところが中立的立場で、お客様がしっかり選べるような評価指数をインフラとして整備していれば無駄が省ける気がします。

鈴木　話はちょっと違うかもしれませんが、今リブランがやっている賃貸マンションの「ミュージション」は首都圏で25ぐらいあると思うけど、そのうちの1部屋が空くと、待機者がちょっと前までは2500人とか3000人いるとか言っていたのに、この間社員に聞いたら、たった一部屋空いただけでなんとそこに4000人のお客様が応募してくるというんですよ。これってすごい話で、「ミュージション」の設計がそこに住む人のライフスタイルを考えているからこそ実現していることです。これは「ミュージション」に限らず、これからの賃貸マンション、分譲マンション、住まいすべてにいえることでしょう。コンセプトを絞ることを普通はこわがりますが、今は逆ですよ。かつて渋谷の文化村で「ワインマンション」というのをやりましたが、世界60か国ぐらいから取材に来ました。

森口　高齢になって一人になると広い家はもういらないということが多いです。そこで家を売って賃貸に移ろうとする人もいるわけですが、年齢が高いという理由で入居を拒まれて困っている方がいました。そしたら、銀行がその方に「お金を貸すから、高齢者のためのマンションを建てたらどうか」と勧めてきたのです。なんとそれを今、10戸ぐらいのものですが実際に建てています。そういう状況が一つですね。

それから、私が今始めようとしているのは一軒家を使って、グループホーム的な施設をつくるという事業です。補助金も出ますので事業計画書を提出したところです。一軒家は広い庭もあり、リビングも広く、住みやすい環境が得られます。ところが大型の一軒家の空き家というのはそう簡単には見つかりませんので、今日お会いした不動産会社の方々からそうした情報もいただければ助かります。逆に私のほうからは、そうしたニーズがいっぱいありますので、皆さんに提供していけるかなとも思っています。よろしくお願いします。

まとめ

鈴木　今日は第1回目の会合でしたが、いろいろな課題があることが改めてはっきりしたのではないでしょうか。冒頭でもお話ししましたが、ここには志ある人たちが集まっていますので、いろいろ話しを進めていくうちに何か新しいものが生まれ、それが社会を変えるパワーになっていければと考えています。

岡崎さんに探し出していただいた心ある不動産経営者の方々はほかにも全国にたくさんいらっしゃいますので、そうした人たちとのコラボレーションを住文化研究所としてはこれからも進めていこうと思っています。これまで、あまり思想なく建てられてきたマンションを社会的意義のあるストックによみがえらせるという仕事はとてつもなく大きなマーケットになるわけです。そこを人間産業という眼を持って開拓していきましょう。

思想があるかないかは、たとえば戸倉さ

んが建てた建物に入ればわかります。何年か前にモデルルームに行きましたが、建物に入ったとたんに、まだ自分が感じてなかった自分、心の中に確かにあるのに今まで気付かなかった自分が何か強い力で引っ張り出されてくる、それぐらいすごいインパクトがあります。みんなで見に行きましょう。

岡﨑　本日はありがとうございました。今後の予定ですが、今お話しがありました戸倉さんの建物とか、長井さんの「きれいな現場」の現地見学会などを計画しておりますので、その節はまたよろしくお願いします。本日はありがとうございました。

あとがき

最後までお読みいただき、ありがとうございました。

とくに第1章から5章までの本編はまわりくどい言い回しが多くなった点を反省しています。文章がまわりくどくなったのは決して本意ではなく、当初の構想では住文化についてもっと簡潔に、客観的に表現し、汎用性のあるいわば散文調の「住文化辞典」のようなものをめざしていました。

ところが書き進めるうちに、いつのまにか筆者の個人的妄想が入り込み、客観性とはほど遠い論調になってしまいました。ただ、まわりくどくはなりましたが、最終目的の「住文化とはなにか」については、私なりではありますが、一つの答えを提示しえたのではないかと思います。

最後に、このような発表の場を与えてくださった一般財団法人ひと・住文化研究所の関係者の皆様とプラチナ出版社長の今井修氏に感謝申し上げます。とくに、同研究所代表理事の鈴木静雄様には改めて御礼申し上げます。

2023年秋

本多信博

●著者紹介

本多信博（ほんだ・のぶひろ）

住宅評論家・不動産専門紙住宅新報顧問。長崎県出身。早稲田大学商学部卒。住宅新報記者、同編集長、同論説主幹などを歴任。その間、30年以上にわたって住宅・不動産業界を取材。2018（平成30）年7月に住宅評論家として独立。

著書に「百歳住宅～認知症にならない暮らし方」、「住まい悠久〝人生100年時代〟に捧ぐ」「たかが住まい　されど、住まい～世界を変える深き問いを求めて」（いずれもプラチナ出版）。

住文化創造〜日本再生のガイドライン

2023年9月24日　初版発行

著　者　　本　多　信　博
発行人　　今　井　修
印　刷　　亜細亜印刷株式会社
発行所　　プラチナ出版株式会社
〒104-0031　東京都中央区京橋３丁目９－７
京橋鈴木ビル７F
TEL 03-3561-0200　FAX03-6264-4644
http://www.platinum-pub.co.jp

落丁・乱丁はお取り替えします。
ISBN978-4-909357-89-2